つくる
アクセサリー
ブック

貴和製作所 の 制作書

貴和製作所から生み出されるパーツは、
この本を手に取ったあなたとともに、その創造性を

限りなく大きく膨ませる可能性を秘めています。そして、
アクセサリー制作というクリエイティブな作業は、アイデンティティを見いだし、
喜びを追求できることをお約束します。この制作書で紹介する作品例は

青木むすび氏とともに貴和製作所の制作室から生み出された
創造のきっかけとなる25案です。

CONTENTS

06p ———— ACCESSORY SAMPLE
貴和製作所のパーツで作るアクセサリー紹介

06p	————	french rose
08p	————	sa-n-go
10p	————	sunday beach
12p	————	baroque flower
14p	————	sugar drop
16p	————	ice drop
18p	————	sepia
20p	————	more mohair
22p	————	spring garden
24p	————	hula
26p	————	hide-and-seek
28p	————	whisper hoop
30p	————	soda
32p	————	promise
34p	————	celebrace
36p	————	vitamin
38p	————	bloom
40p	————	champagne
42p	————	carbonic acid
44p	————	chain pocket
46p	————	grape
48p	————	dear deer
50p	————	feather & nuts / bugs hat
52p	————	ribbon with ribbon
54p	————	HANAKANZASHI

56p ———— TOOL & TECHNIQUE
基本の道具と基本の作業
丸カン／Tピン・9ピン／三角カン／ボールチップ
カシメの使い方／めがね留め／貼り付け

66p ———— RECIPE
06p〜54pの作り方

94p ———— SHOP INFORMATION
貴和製作所の紹介

RECIPE 66p →

french rose

sa-n-go

RECIPE 67p

RECIPE 68p→

sunday beach

baroque flower

RECIPE 70p→

RECIPE 71p →

sugar drop

ice drop

RECIPE 72p→

sepia

RECIPE 73p→

more mohair

RECIPE 74p→

spring garden

RECIPE 75p

hula

RECIPE 76p →

RECIPE 77p →

hide-and-seek

RECIPE 80p→

whisper hoop

RECIPE 81p →

soda

promise

RECIPE 82p

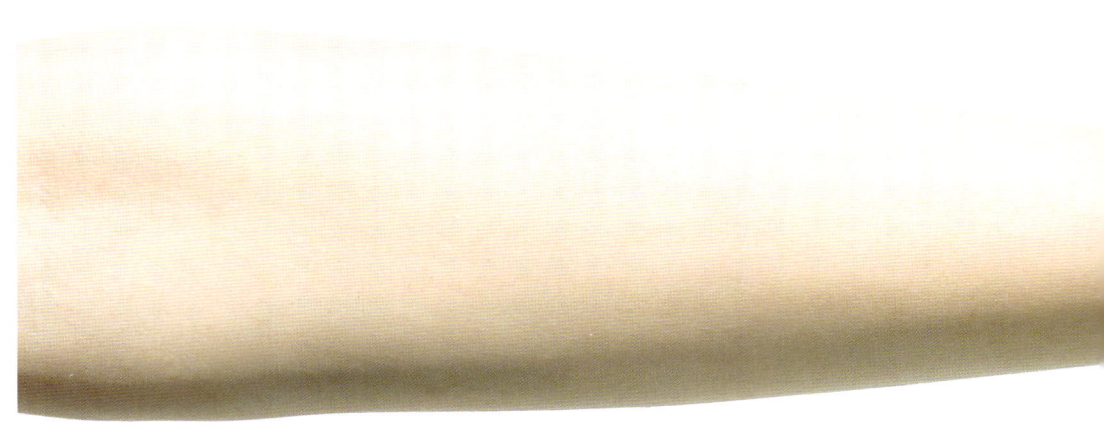

celebrace

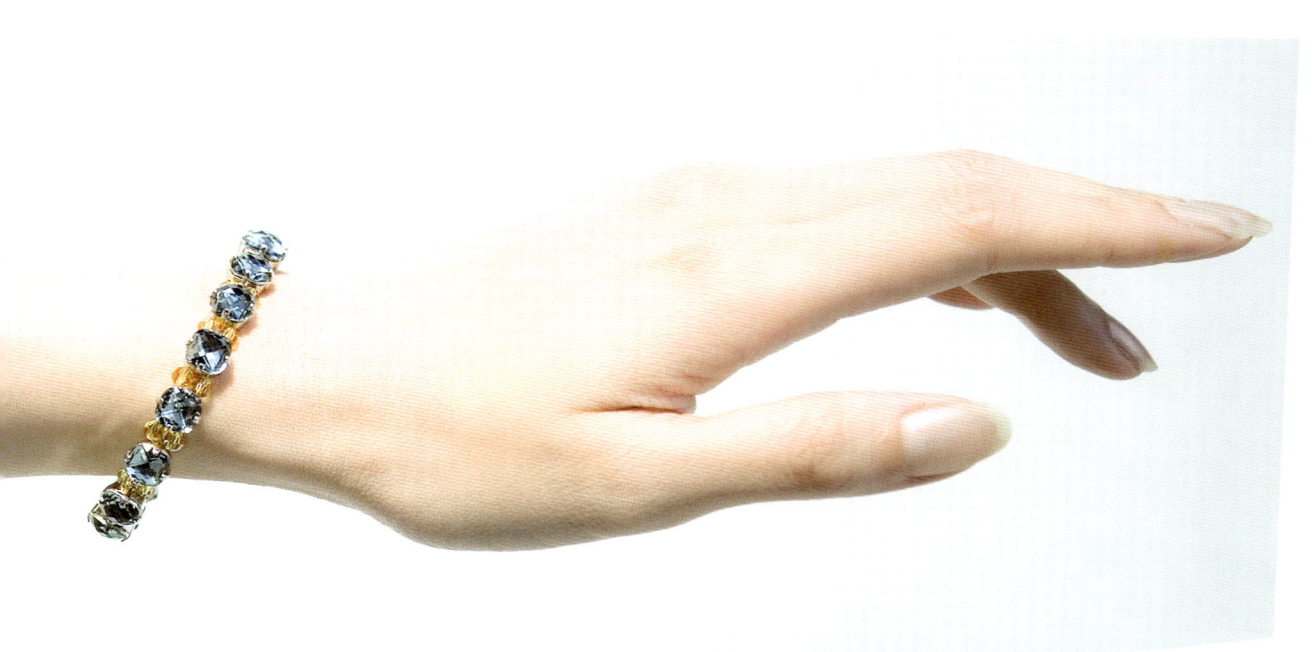

RECIPE 83p→

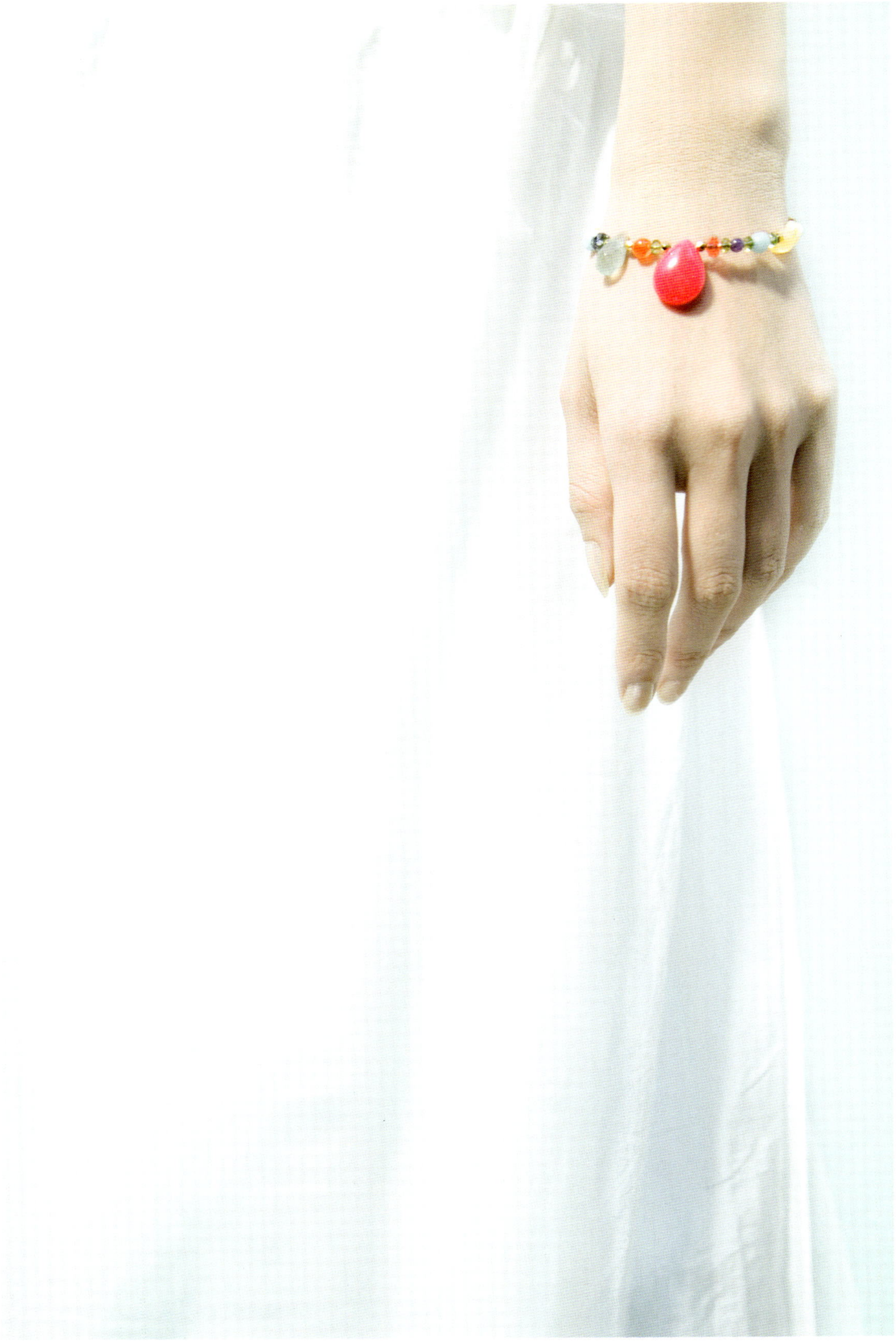

vitamin

RECIPE 84p→

bloom

RECIPE 85p

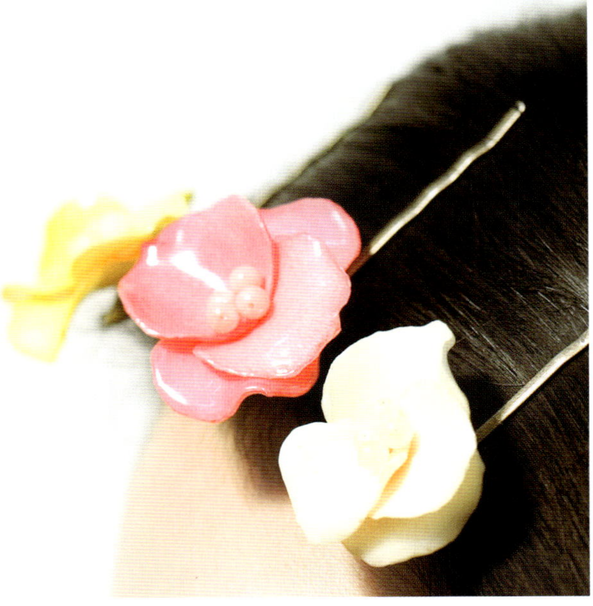

RECIPE 86p →

champaqne

carbonic acid

RECIPE 86p

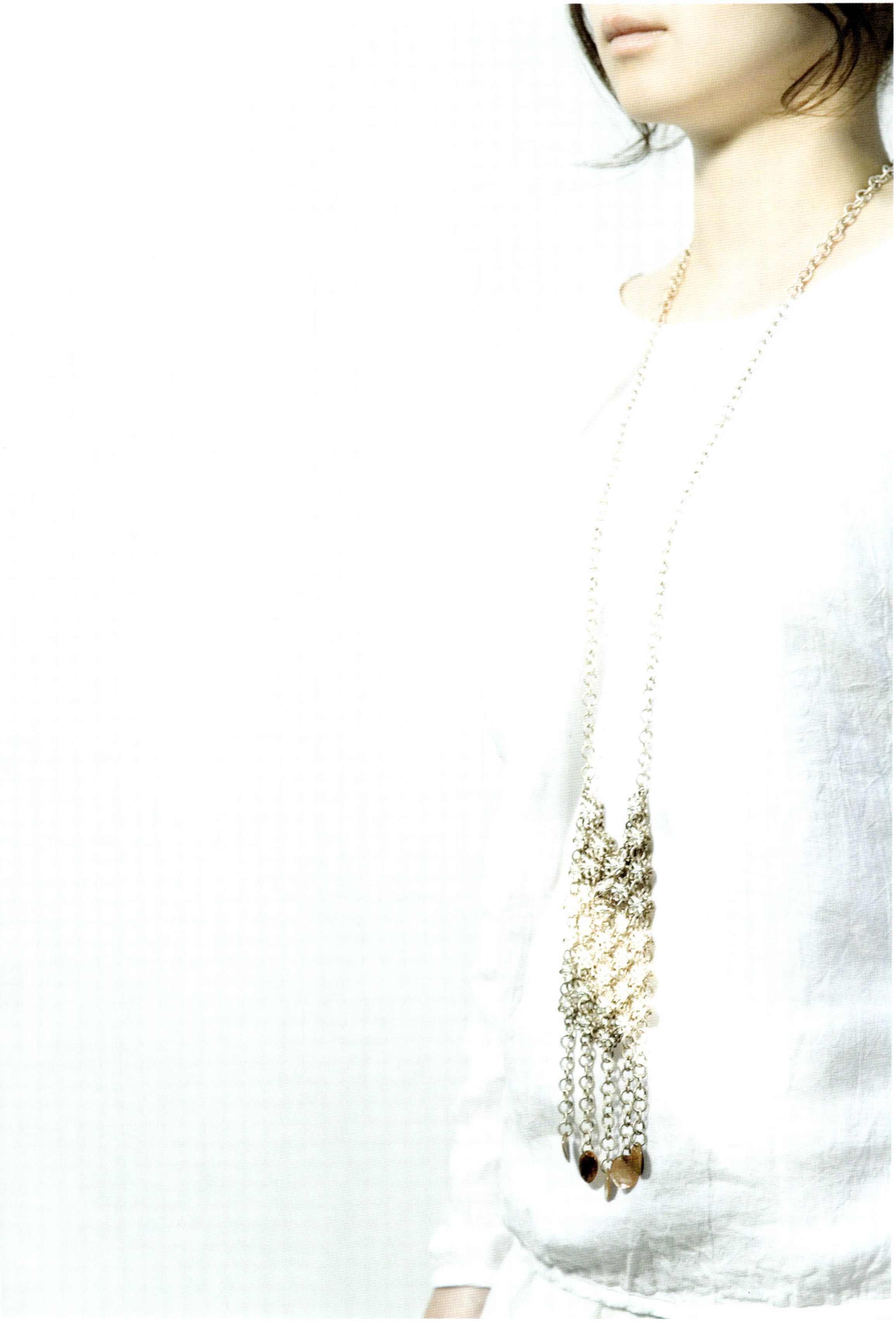

RECIPE 87p →

chain pocket

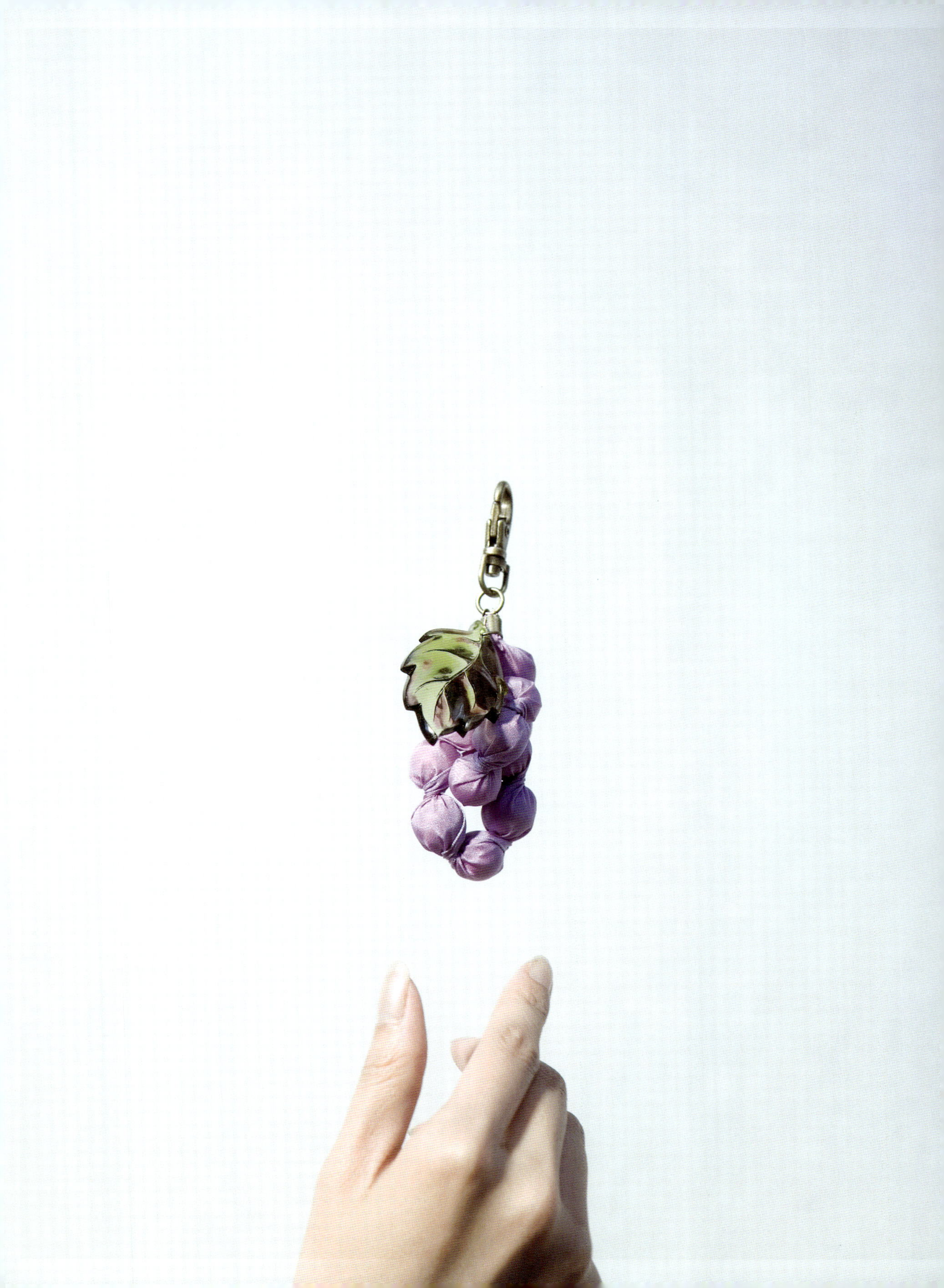

RECIPE 88p

grape

RECIPE 63p →

dear deer

RECIPE 89p →

feather & nuts

RECIPE 90p →

bugs

RECIPE 91p

ribbon with ribbon

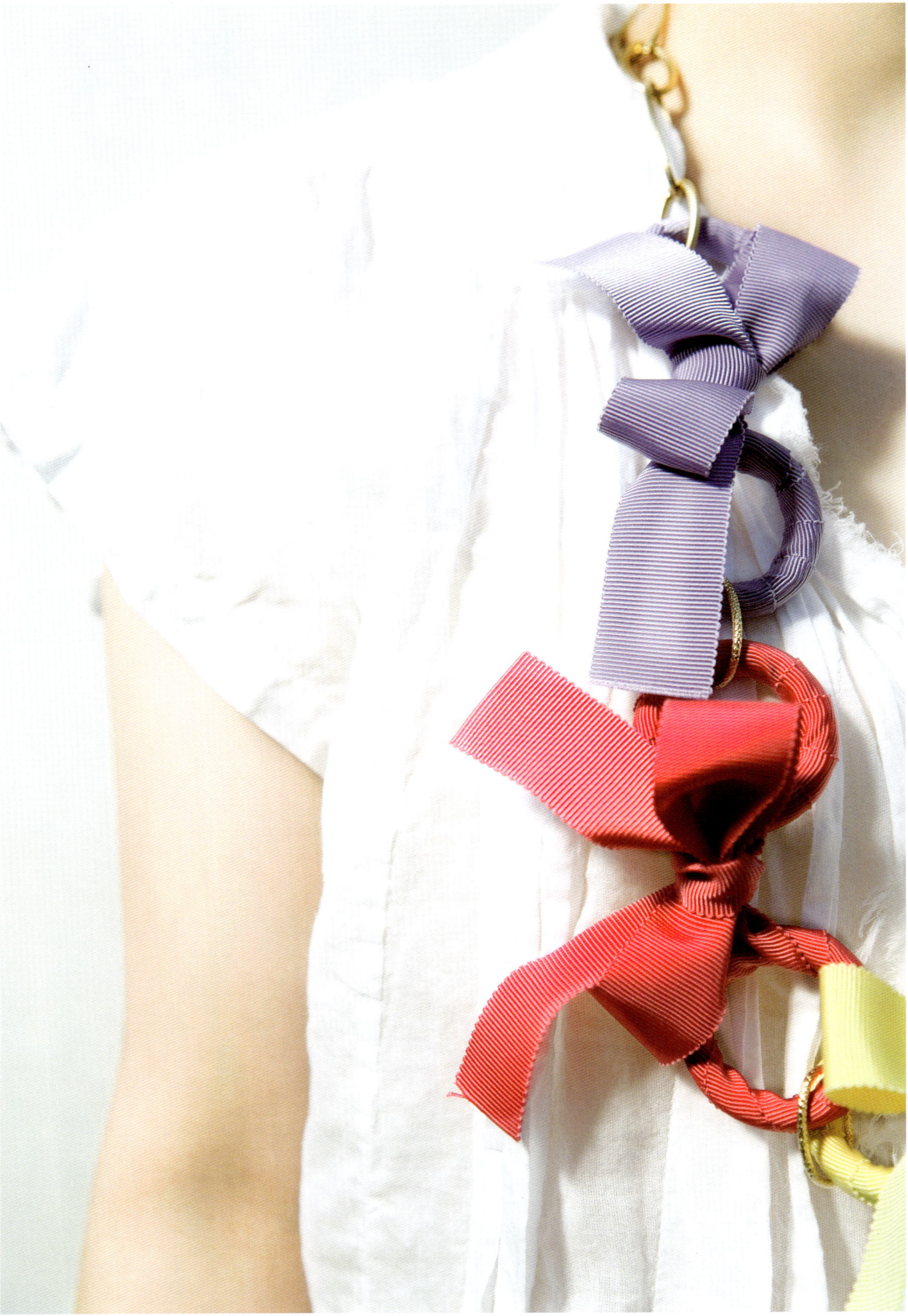

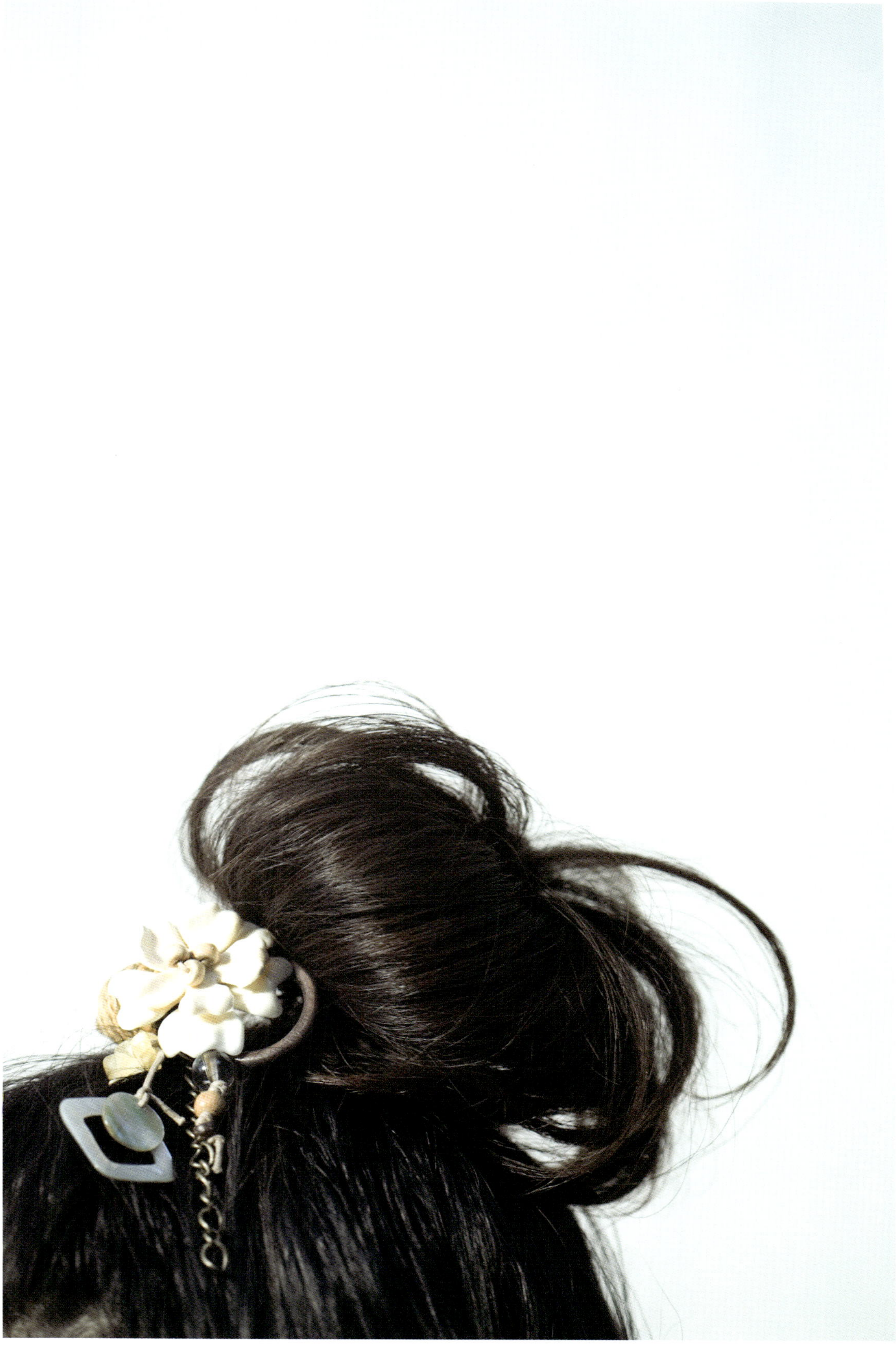

RECIPE 92p→

HANAKANZASHI

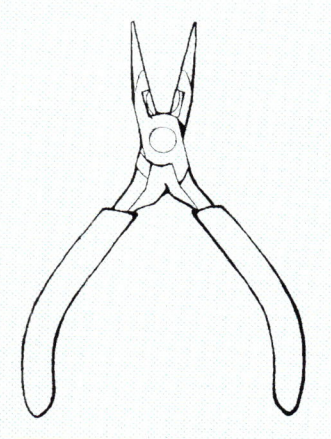

| 基本の道具と基本の作業 | 道具の紹介 |

平ヤットコ
先端が平らなペンチ。つぶし玉の始末や、パーツを押えたり固定するために力を加える際に使用するもの。

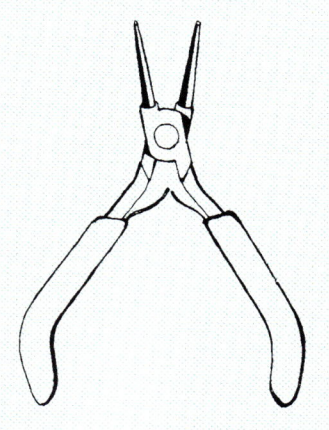

丸ヤットコ
刃先が丸くなっているペンチ。ピンやワイヤーを丸める時、丸カンの開閉時に使用するもの。

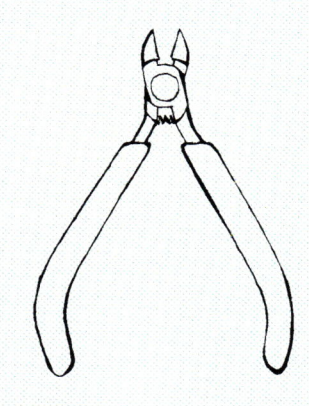

ニッパー
ピンやワイヤーをカットする際に使用。少しの力で簡単にカットすることができる。

ピンセット
スワロフスキーを貼り付ける際、粒を掴むために使用。よりきれいに貼りつけるための必需品。

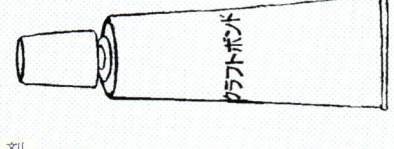

接着剤
接着剤はいろいろな種類があるので、用途によって使い分けが必要。また、選ぶ際は、乾いた後に接着剤の塗り跡が目立たないよう、なるべく透明度の高いものを選ぶとよい。

・速乾タイプ
接着剤の中でとても乾きが早い。貼り付ける位置が明確なときや、テグスの結び目を固めるときなどに適している。

・速乾ではないもの
乾く速度が比較的ゆっくりなので、一度パーツを貼り付けてからでも短時間内であれば貼りなおすことが可能。貼る位置がまだ明確ではないときや、スワロフスキーを貼り付ける作業のときなどに適している。

・エポキシ樹脂系
強度が強い接着剤。接着面が少なく、負担が大きい際に使用。パーツを直接アクセサリー用パーツに付ける場合や、重さのあるパーツを貼り付けるときなどに適している。

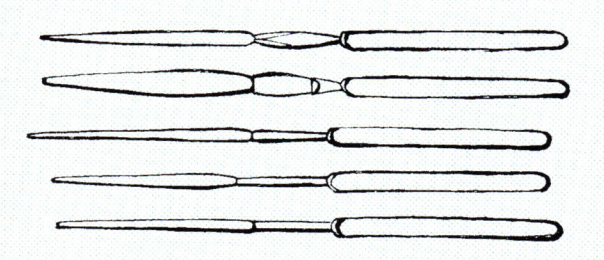

リーマー
通し穴が開いているパーツに使用。きれいに穴が通っていないものに先端を刺し込み、ワイヤーなどを通しやすくする。力を入れすぎるとパーツが割れてしまうので、力加減に注意を。

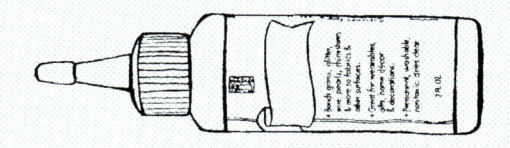

指カン
丸カンを開いたり閉じたりする際に使用。親指などにはめ、隙間に丸カンを挟み固定し、片方をヤットコで掴んで、てこの原理を利用して開く。ヤットコが2本準備できないときに便利。

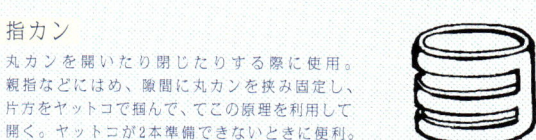

布用接着剤
洗っても落ちにくい接着剤なため、衣類への貼り付け時などに便利。

丸カンの開閉の仕方

丸カン
パーツ同士をつなぐときに使用。アクセサリー作りにおいて、登場頻度がいちばん多いパーツともいえる。色やサイズもいろいろあるので、目的や用途によって使い分けて。

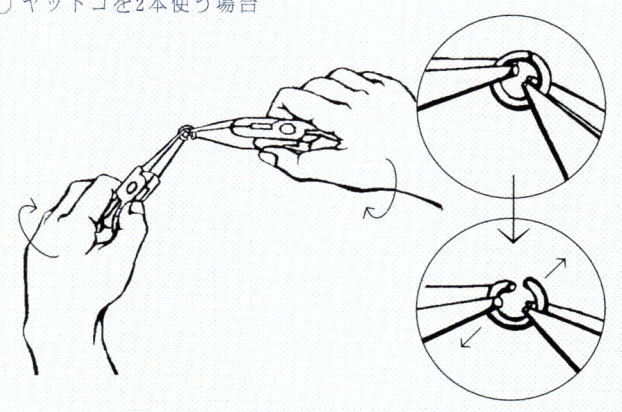

○ ヤットコを2本使う場合

OK
平ヤットコと丸ヤットコで丸カンの両端を掴み、片方の手を手前に、もう片方の手を奥に動かすようにして、つなぎ目をずらすように開く。こうすると、閉じる際も丸カンの形が崩れず、きれいに閉じられる。

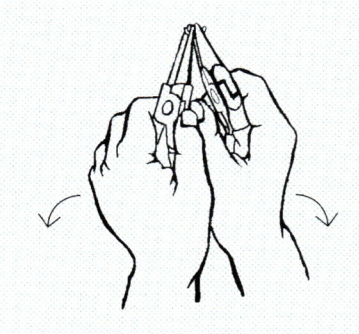

NG
両手を左右に引っ張るように横に広げて開いてしまうと、閉じる際に丸カンが楕円のような形になったり、隙間が空いてしまったりするので、失敗の元に。手の動かし方に気をつけて。

○ 指カンを使う場合

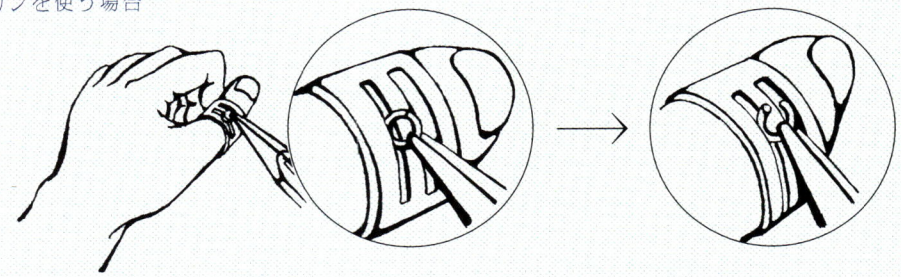

指カンを利き手とは逆の親指にはめ、丸カンを平ヤットコで掴んで溝にはめる。

指カンは定位置で固定し、平ヤットコでカンの輪をずらすように開く。閉じる際もずらすようにして閉じる。

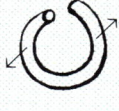

○ 正しい開き方・・・・・・チェーンやパーツが通る程度のずらし方でOK。こう開くことで、閉じる際も歪まずにすむ。

× 間違った開き方・・・・・・左右に広げて開いた形。こうすると丸カンが金属疲労を起こして切れてしまうことも。

Tピン・9ピンの使い方

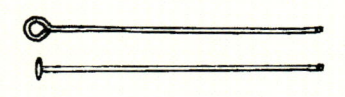

9ピン（左上）・Tピン（左下）
パーツをつなげたり吊り下げたりする際に使用。パーツを通し、先端を丸めて使う。
パーツ同士をつなぎ合わせる際は9ピンを、そのパーツだけをつなぐ際はTピンを選んで。

① パーツに9ピン（Tピン）を通し、そのパーツをピンの根元まで下ろす。

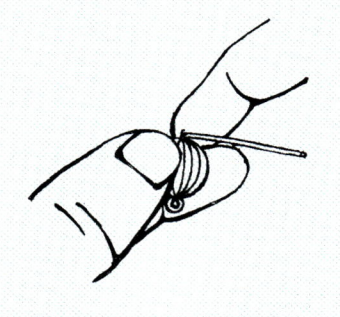

② パーツのキワで、ピンを垂直に曲げる。指で倒すように曲げればOK。

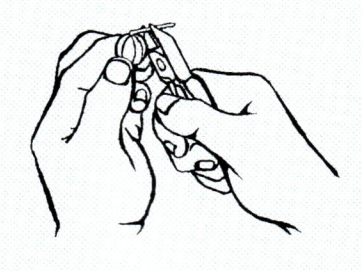

③ 曲げたところから8mm残し、ピンをニッパーでカット。

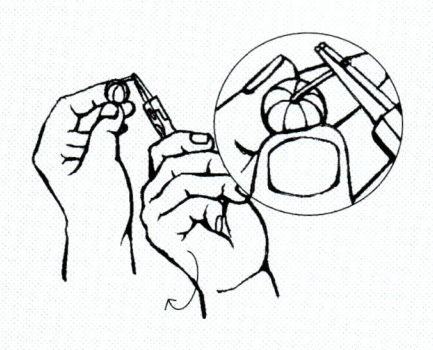

④ ピンの端を丸ヤットコで挟み、手の平が外を向くような形で丸ヤットコを構える。

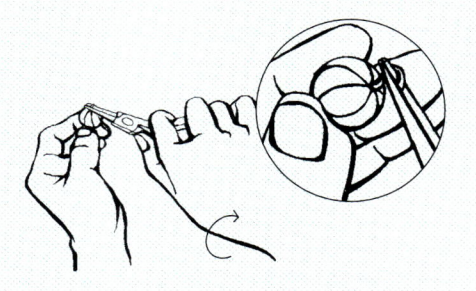

⑤ そこから、手首を返すようにしながらピン先を丸める。手首をひねることで、きれいに丸めることができる。

⑥ 丸めた先端を、隙間がなくなるように平ヤットコなどで整えたら完成。

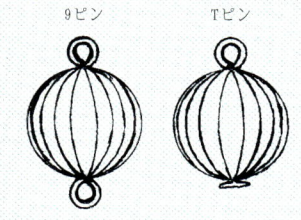

9ピン　Tピン

○ **正しい丸め方**・・・パーツに対して垂直に丸められているのが正しい形。前や後ろに倒れ気味のときは、平ヤットコで立たせるように修正を。

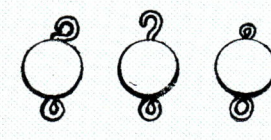

× **間違った丸め方**・・・丸めた部分が横に倒れていたり、隙間が空いていたり、丸めた部分が小さかったりすると、きれいにつなげない原因に。

三角カンの使い方

三角カン
丸カンのようにパーツをつなぐカンで、しずく型のようなパーツ、上のほうに通し穴が開いているパーツに使用。

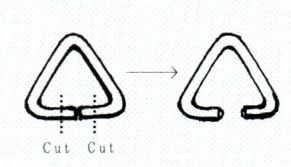

① 三角カンの切れ目の両端をパーツに合わせて（1～3mm程度）ニッパーでカットする。

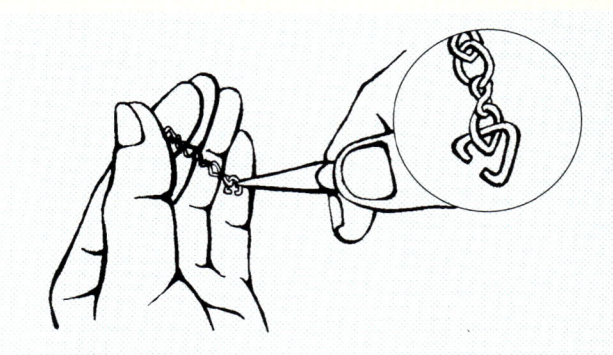

② 三角カンをパーツに通す前に、チェーンなど、つなげるものに通しておく。

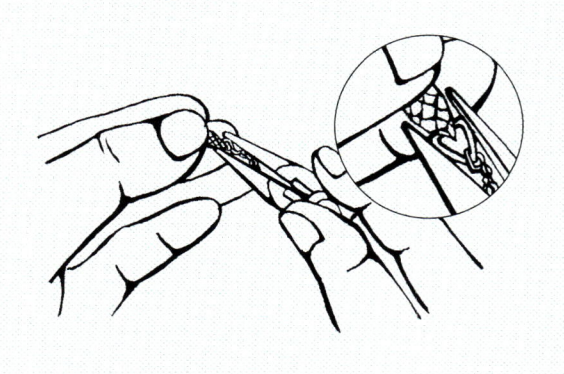

③ パーツ上部にある通し穴に、三角カンをはめる。

④ パーツの穴の位置に三角カンを合わせ、両側から平ヤットコで押さえ閉じたら完成。

〇 正しい閉じ方・・・・・・・パーツの穴中央で三角カンの両端がきちんと合わさるように、しっかり閉じる。

× 間違った閉じ方・・・・・・・三角カンがきちんと閉じられていないと、パーツが抜けてしまう場合が。

ボールチップとつぶし玉の使い方

ボールチップ（左）・つぶし玉（右）
テグスやワイヤーを使った際、留め具やアジャスターとのつなぎとして使用。
これがないとアジャスターや留め具を付けることが出来ないので、テグスでアクセサリーを作る場合は必ず準備を。

① テグス（ワイヤー）に、ボールチップ→つぶし玉の順に通す。

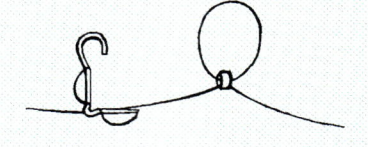

② つぶし玉にもう一度テグスを通し、二重通しにする。

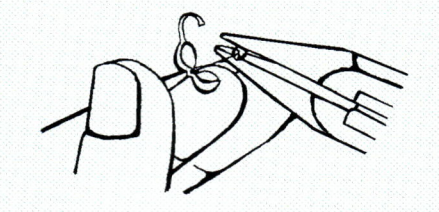

③ テグスをしっかり引き締め、平ヤットコでつぶし玉をつぶす。

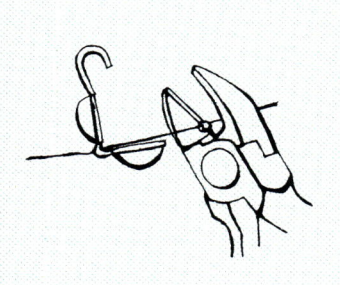

④ 余分なテグスを、つぶし玉のぎりぎりのところで、ニッパーでカット。

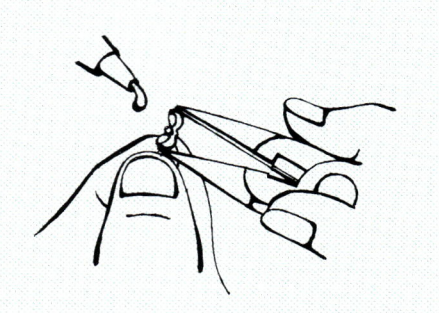

⑤ ボールチップにつぶし玉をはめ、閉じる前につぶし玉に接着剤を付ける。

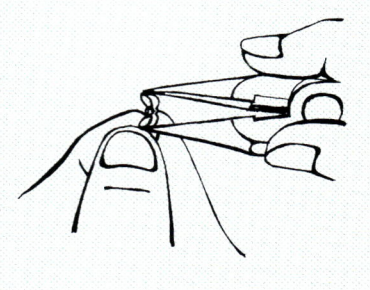

⑥ 平ヤットコでボールチップの両端を挟み、つぶし玉を隠すようにしっかり閉じる。

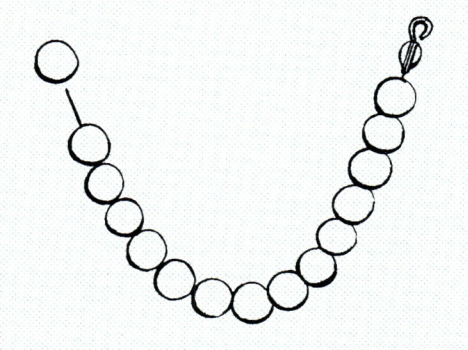

⑦ ボールチップを付けた下のテグスに、パーツを全て通す。

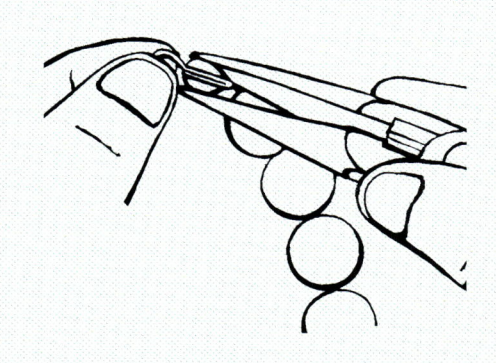

⑧ パーツを全て通し終わったら、もう片端をボールチップとつぶし玉で処理し、完成。

カシメの使い方

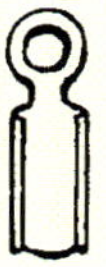

カシメ
ヒモや、穴が開いていないチェーンの先を挟んで処理し、留め具とつなぐ際に使用。サイズはいろいろあるので、ヒモのサイズにあったカシメを使うように。

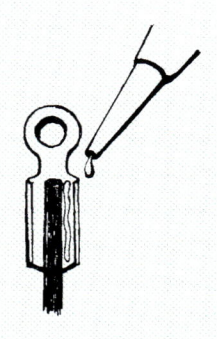

① カシメの内側に接着剤をつけ、ヒモ（チェーン）をカシメの真ん中に乗せる。

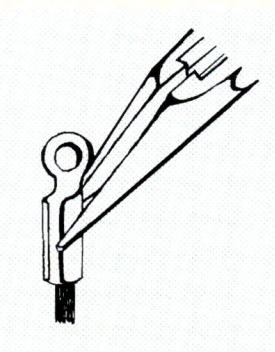

② 平ヤットコで片側をしっかり折りたたむ。

③ ②を隠すようにもう片側をしっかり折りたたむ。

留め具の付け方

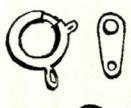

- ヒキワ（左上）
- 板ダルマ（右上）
- 丸カン（2つ）

ネックレス、ブレスレット、アンクレットなどの両端をつなぐ重要な部分。丸カンを買い忘れないように注意を。

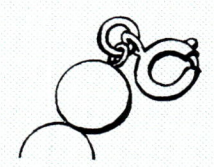

① まずヒキワを、着用時に利き手側にくる方の端に付ける。前ページに出てくる「丸カンの開き方」を参考に丸カンを開き、ヒキワとパーツをつないだら丸カンをしっかり閉じる。

② もう方端に、①と同様に丸カンを使って板ダルマを付ければ完成。

アジャスターの付け方

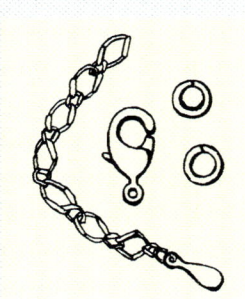

- アジャスター（左）
- カニカン（中央）
- 丸カン（2つ）

ネックレスやブレスレットなどの長さを調整できるアジャスター。カニカンとのセット売りと、単品での販売があるが、初心者にはセット売りがおすすめ。

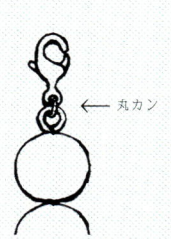

← 丸カン

① 着用時に利き手側にくる方の端に丸カンでカニカンをつなぐ。

② もう方端に丸カンでアジャスターをつなげれば完成。

めがね留めの仕方

デザインピン

ピンの下にボールのような小さな球が付いているものや、飾りが施されているようなピン。めがね留めは、パーツに高級感をプラスしたいときのテクニック。

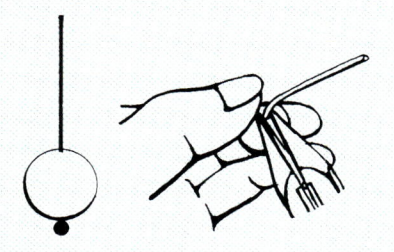

① デザインピンにパーツを通し、しっかりピンの根元まで下ろしたら、平ヤットコの先端でピンの根元を掴み、その上からピンを指で曲げる。

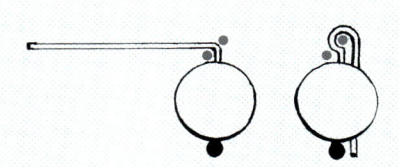

② 曲げた端を自分の左側に向け、①で曲げた角を丸ヤットコで挟み、丸ヤットコの太い部分の丸みに沿ってワイヤーの端を自分の右下まで一気に曲げる。
（❊グレーの●印は丸ヤットコの先を表す）

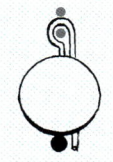

③ いったん丸ヤットコを抜き、持ち替えて、丸ヤットコの先を②で丸めた部分に差しなおす。

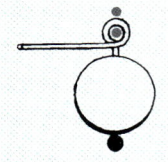

④ 丸ヤットコの丸みに沿ってワイヤーの端を自分の左側へ直角に曲げる。

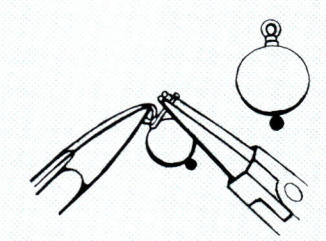

⑤ ピンを丸めたら丸ヤットコを抜き、できた円を平ヤットコで挟んで固定。残りのワイヤーを丸ヤットコか手で円の下に2回ほど巻きつけたら、余分をニッパーで切り、切った端を平ヤットコで押さえてまとめる。

○ ワイヤーの場合

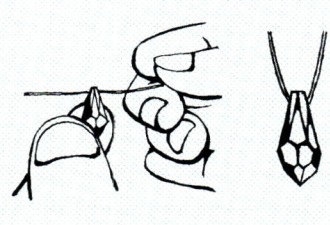

① パーツにワイヤーを通し、ワイヤーを二つ折りにするように曲げる。

② ワイヤーを図の様にパーツに沿わせるように合わせたら、その合わせた部分を平ヤットコで一度しっかり押さえ、パーツのキワで2回ほどねじる。

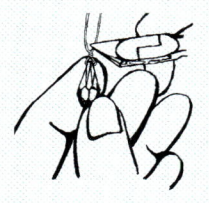

③ ワイヤーの片側をねじったぎりぎりのところでニッパーでカットし、もう片方は外側へ垂直に曲げる。

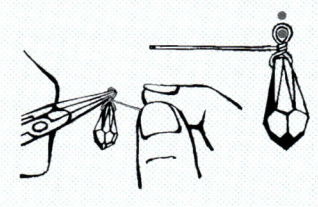

④ 上記「デザインピン」の要領で③のワイヤーを丸め、できた円の下に残りのワイヤーを2回ほど巻きつける

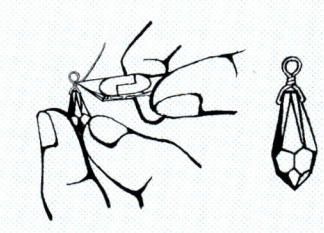

⑤ 余分なワイヤーをニッパーでカットし、引っかからないように④で巻きつけた部分と一緒に平ヤットコで押さえたら完成。

ラインストーンの貼り方

ピンセット（左）・布用接着剤（右）
ピンセットは、スワロフスキーを一つ一つ掴む際に使用。接着剤は、用途によって使う種類を変えよう。

① 貼り付ける模様にラインストーンを並べ、貼り付けのプランを考える。色やサイズで変化を出す際は特に必要な作業。

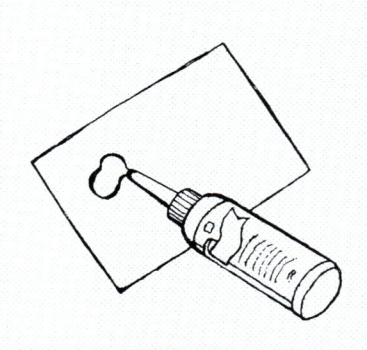

② 接着剤をトレー（不要な紙などで代用可）に出す。

③ 貼り付ける土台に、楊枝など先の細いもので接着剤を塗る。

④ ピンセットでラインストーンを挟み、接着剤を塗った部分に貼り付ける。

⑤ 隙間ができないよう、互い違いに列を作るよう敷き詰めて貼り、完成。

貴和製作所

TO RECIPE page

製作の前に
パーツ購入の際には、以下の点をご了承ください。

半貴石は天然材料のため、入荷時期によって色や形、穴の大きさ等が多少異なります。

バラのつぼみ・花びらは本物（天然素材）を加工しているため、安定供給が難しく、売り切れの際にはしばらくお待ちいただくことがあります。

本書で使用しているパーツは、季節や入荷時期によって、デザインを損なわない程度に形が変更される場合があります。また、パーツによっては販売を終了している場合もございます。尚、代替できるパーツもございますので、スタッフにご相談下さい。

スプレーや毛糸など、貴和製作所の店頭では販売していない材料を使用したアイテムもあります。これらに関しては、別途専門店でのご購入をお願いいたします。

★印は製作の難易度を5段階で表しています。

french rose

☆☆☆★

パーツ名	サイズ	色	個数
スワロフスキー　#5000	6mm	CRY.ゴールデンシャドウ	1ヶ
スワロフスキー　#5000	4mm	CRY.ゴールデンシャドウ	1ヶ
ドライフラワーパーツ バラつぼみ9ピン付		※白ピンク／ゴールド	1ヶ
丸カン	0.7×3.5	ゴールド	1ヶ
丸カン	0.6×3	ゴールド	1ヶ
Tピン	0.5×20	ゴールド	1ヶ
カシメ	1.2mm	ゴールド	1ヶ
つぶし玉	1.5mm	ゴールド	1ヶ
ピアスフレンチフック		ゴールド	1ヶ
チェーン　235SA55DC4		ゴールド	8cm

使用工具／平ヤットコ　丸ヤットコ　ニッパー　　　　　※他の色　イエロー、ピンク

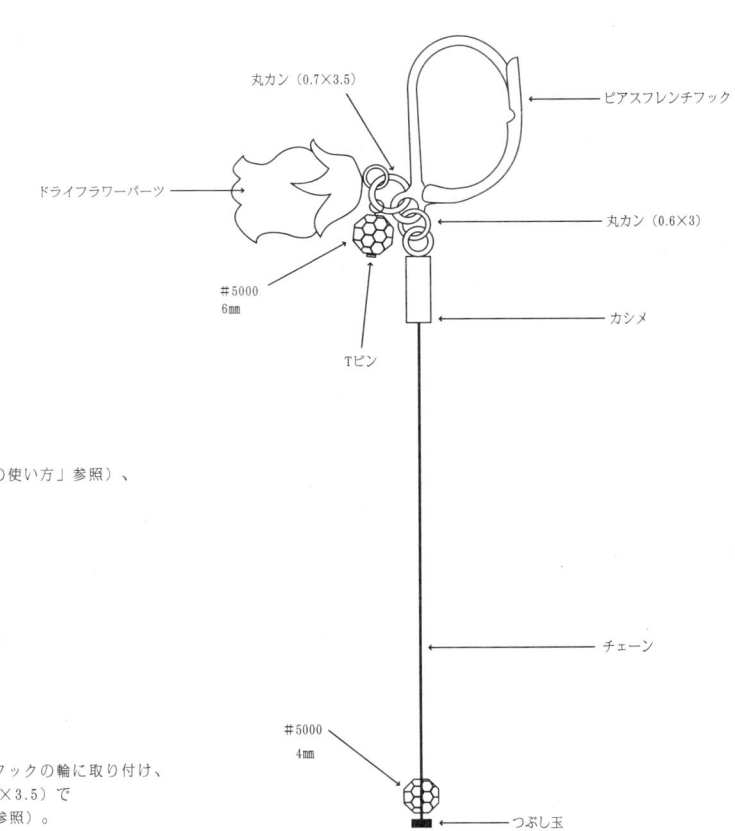

1
チェーンの片端をカシメで処理し（P61「カシメの使い方」参照）、もう一方の端にスワロフスキーを通した後、チェーンの下端をつぶし玉で固定する。

2
Tピンを#5000（6mm）に通し、ピンの先を丸める（P58「Tピン・9ピンの使い方」参照）。

3
1のパーツを丸カン（0.6×3）でピアスフレンチフックの輪に取り付け、ドライフラワーパーツと2のパーツを丸カン（0.7×3.5）で取り付けたら完成（P57「丸カンの開閉の仕方」参照）。

sa-n-go

☆☆★★★

パーツ名	サイズ	色	個数
スワロフスキー　#4854	6㎜	クリスタルCAL	2ヶ
スワロフスキー　#4231	8×4㎜	ターコイズ	2ヶ
淡水パール　ポテト	2.5㎜	ホワイト	6ヶ
淡水パール　ポテト	3.5㎜	ホワイト	2ヶ
半貴石サザレ白珊瑚		ピンク染	※約25ヶ
石座　#4447用	6㎜	ロジウムカラー	2ヶ
石座　#4231用	8×4㎜	ロジウムカラー	2ヶ
シャワーピアス	10㎜	ロジウムカラー	1ペア
テグス	3号	透明	1m

※使用個数は目安です。天然素材の為、色や形、大きさにブレがありますので予めご了承下さい。

使用工具　/　平ヤットコ　ニッパー　副資材　/　接着剤

1
スワロフスキーを同サイズの石座に水平になる様に乗せて図の順に爪を倒す。
スワロフスキーや石座を傷つけないように平ヤットコに布などをあてて爪を倒すとよい。

2
テグスを50㎝にカットしたら、端を15㎝程残して図の様にシャワー台にそれぞれのパーツをつけていく
（テグスがゆるまない様にしっかりと引き締める）。
最後に形を整えてからシャワー台の裏側でテグスを2、3回結び、2㎜残してカットし、結び目部分に接着剤をつける。
左右対称になる様にもう1つ作る。

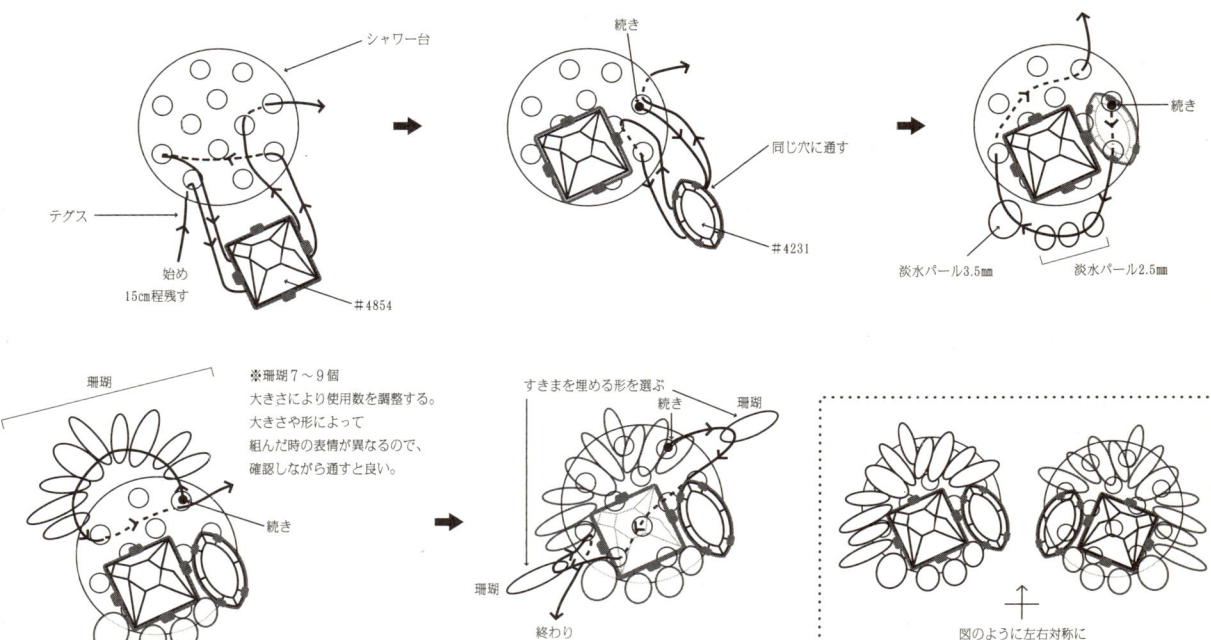

3
シャワー金具土台にシャワー台を取り付けたら完成。シャワー台の取り付け方は
P85 bloomの工程4の図参照。

sunday beach ☆★★★★

パーツ名	サイズ	色	個数
アクリルドイツ製 楕円すじ	25×17	アイボリー	2ヶ
アクリルドイツ製 楕円すじ	20×14	アイボリー	3ヶ
アクリルドイツ製 丸すじ	16mm	アイボリー	2ヶ
アクリルドイツ製 丸すじ	16mm	ブラウン3（トパーズクリア）	4ヶ
アクリル チェーンパーツ キヘイ	30×33	クリーム	7ヶ
アクリル チェーンパーツ キヘイ	18×23	クリーム	2ヶ
アクリルドイツ製 リング丸②2穴	30mm	アイボリー	2ヶ
ウッドパーツ	16mm	ホワイト	4ヶ
MIYUKI ウッドビーズ H769/2 スジ入	10mm		6ヶ
MIYUKI ウッドビーズ H782/2	15/6mm		7ヶ
Tピン	0.7×45	金古美	4ヶ
麻ヒモ	0.3mm	無地	約11m
綿リボン			1m

使用工具 / 丸ヤットコ、ニッパー、はさみ、針、容器（リボンがひたせる大きさ）、楊枝
副資材 / 接着剤、糸、ティーパック、食器用中性洗剤

1
麻ヒモを下図の様に、準備する。

麻ヒモL　70cm3本 ×4
麻ヒモS　20cm3本 ×4

2
楕円すじ（25×17）と、
丸すじ（アイボリー）のそれぞれ2個に
Tピンを通し、先を丸める
（P58「Tピン・9ピンの使い方」参照）。

3
全体図のA〜Dまでのパートを
それぞれ麻ヒモLで作っていく。
マークの部分（◆★☆♥●）図解参照。
パーツとパーツの間は結んでつなげていく。

☆
3本の麻ヒモLをキヘイに2回巻き付け、結ぶ。
負担のかかる結び目なので、楊枝
の先で結び目に接着剤をつけ、短い方の余分を
カットする。

麻ヒモLをウッドビーズ丸に通し、図の様に戻し
てもう一度穴に通す。ウッドビーズの下で結ぶ。

◆
麻ヒモの端をキヘイに結びつける。
負担のかかる結び目なので、
楊枝の先で目立たない様に
接着剤を付ける。
ウッドビーズスジ入に麻ヒモ6本を
図の様に通し、3本だけをカットする。
残った3本を1回結ぶ。

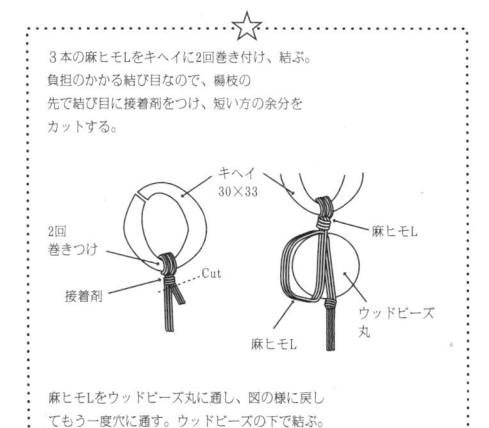

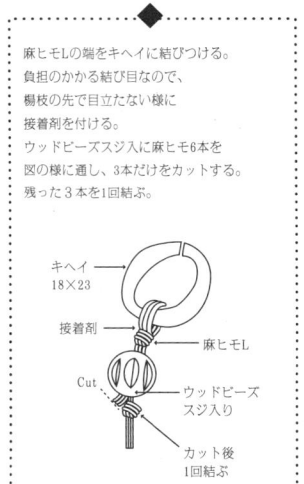

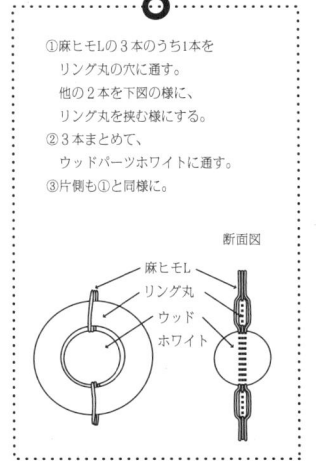

★
麻ヒモLをウッドビーズ丸に通し、3本分を図の様に
戻してもう一度穴に通す。ウッドビーズ丸の
下で1回結び付ける。

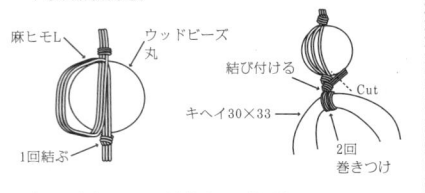

麻ヒモLをキヘイに2回巻き付け、図の様に結び
つける。負担のかかる結び目なので、楊枝の
先で結び目に接着剤をつけ、余分をカットする。

●
①麻ヒモの3本のうち1本を
リング丸の穴に通す。
他の2本を下図の様に、
リング丸を挟む様にする。
②3本まとめて、
ウッドパーツホワイトに通す。
③片側も①と同様に。

断面図

♥
①麻ヒモSの端を5mm残して3回結ぶ。
ウッドホワイトを通し、抜けないことを確認する。
②ウッドホワイトを通した麻ヒモSを2本と1本に分けて
麻ヒモLに結び、余分な麻ヒモSはカットする。
③その下に新たな麻ヒモSを麻ヒモLに1回結ぶ。
④その後、麻ヒモSの両方にウッドビーズすじ入を通して結び、
ウッドビーズスジ入が抜けない様にする。
⑤その下に丸すじ（アイボリー）と、
楕円すじ（25×17）を図のように通す。

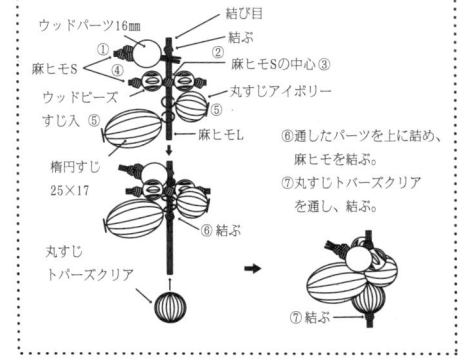

⑥通したパーツを上に詰め、
麻ヒモを結ぶ。
⑦丸すじトパーズクリア
を通し、結ぶ。

4
リボンの始末をし、完成。

①図の様にリボンを
5mm程度折る。

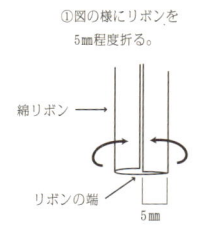

綿リボン
リボンの端
5mm

②リボンの端を5mm程度折る。再びリボンを1cm程度折り、
図の様にまつり縫いし、キヘイに取付ける。
もう一方の端も同じように処理をする。

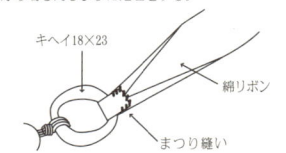

キヘイ18×23
綿リボン
まつり縫い

※お好みでリボンを染め、雰囲気よくアレンジするのもよい。(例えばベージュにするなら、容器に熱湯を注ぎ、ティーパックを入れ、食器用中性洗剤を2〜3滴加える。お好みの色になったら容器から取り出し、すすいで、乾かす)。

全体図

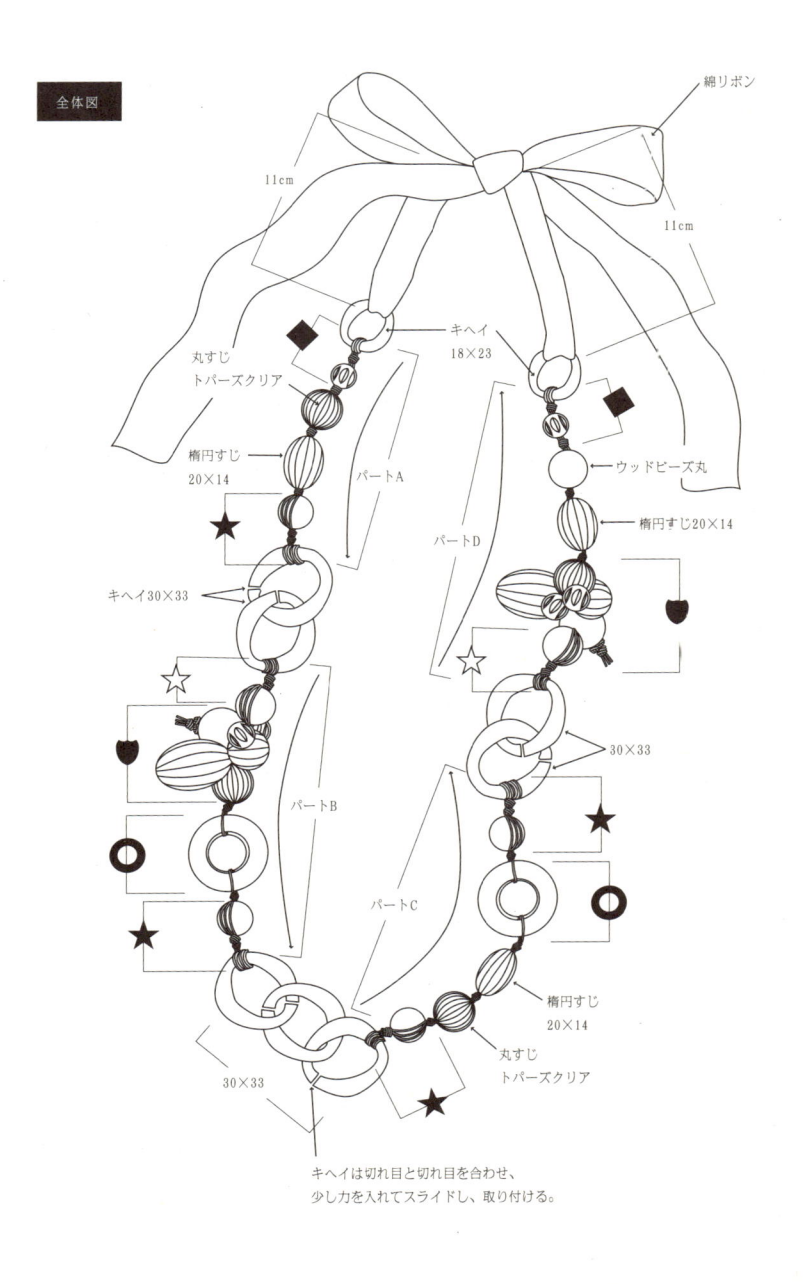

綿リボン
11cm
11cm
丸すじ
トパーズクリア
キヘイ 18×23
楕円すじ 20×14
ウッドビーズ丸
パートA
パートD
楕円すじ20×14
キヘイ30×33
30×33
パートB
パートC
楕円すじ 20×14
30×33
丸すじ トパーズクリア

キヘイは切れ目と切れ目を合わせ、
少し力を入れてスライドし、取り付ける。

69

baroque flower ☆☆★★★

	パーツ名	サイズ	カラー	個数
ルビー（大）<モデル着用>	スワロフスキー#6090	16×11㎜	ルビー	6ヶ
	スワロフスキー#6090	22×15㎜	ルビー	6ヶ
	スワロフスキー#6010	11×5.5㎜	フィッシャー	7ヶ
	シャワーリング	15㎜	金古美	1ヶ
クリスタル（小）<P12写真右>	スワロフスキー#6090	16×11㎜	クリスタル	12ヶ
	スワロフスキー#6010	11×5.5㎜	クリスタル	7ヶ
	シャワーリング	15㎜	ロジウムカラー	1ヶ
ピンク（小）<P12写真左上>	スワロフスキー#6090	16×11㎜	Lt.ローズ/G.シャドウ	12ヶ
	スワロフスキー#6010	11×5.5㎜	Lt.ローズ/G.シャドウ	7ヶ
	シャワーリング	15㎜	ゴールド	1ヶ
共通	テグス	4号	透明	70㎝

使用工具 / 平ヤットコ、はさみ　副資材 / 接着剤

1

テグス（70㎝）を端から10㎝残して、図★印部分から、外側の花びらとなるスワロフスキーをシャワー台につけていく
（Lt.ローズ/G.シャドウは裏表があるので揃えるように注意）。1周したらシャワー台の裏側で両方のテグスをしっかりと2回結ぶ。

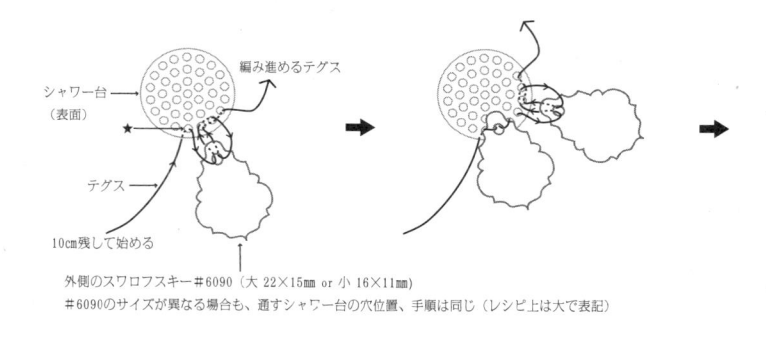

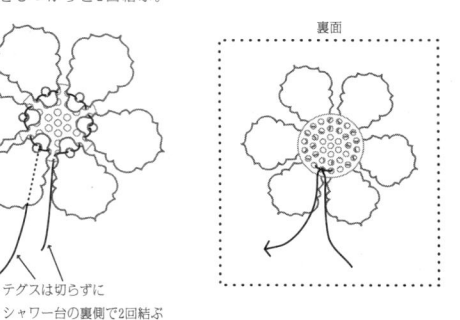

シャワー台（表面）
編み進めるテグス
テグス
10㎝残して始める
外側のスワロフスキー#6090（大 22×15㎜ or 小 16×11㎜）
#6090のサイズが異なる場合も、通すシャワー台の穴位置、手順は同じ（レシピ上は大で表記）
テグスは切らずにシャワー台の裏側で2回結ぶ
裏面

2

長い方のテグスを①図の太線表示の穴から表に出し、内側のスワロフスキーをシャワー台に図の手順でつけていく。
1周したら花びらの向きを整えてからシャワー台の裏で2回しっかりと結び、②図中太線表示の穴から長い方のテグスを出す。

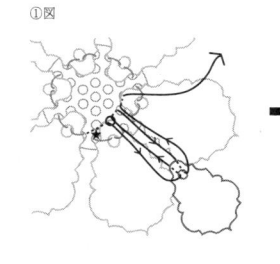

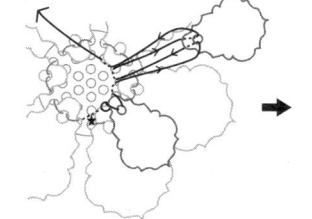

①図　②図

3

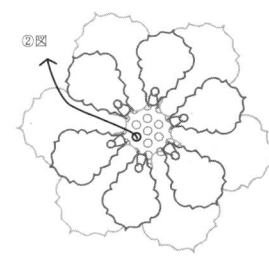

#6010をシャワー台の中央の穴7カ所に、下図の手順でつけていく。
すべて通し終わったら、シャワー台の裏側でテグスをしっかりと2、3回結んで2㎜残してカットし、結び目に接着剤をつける。

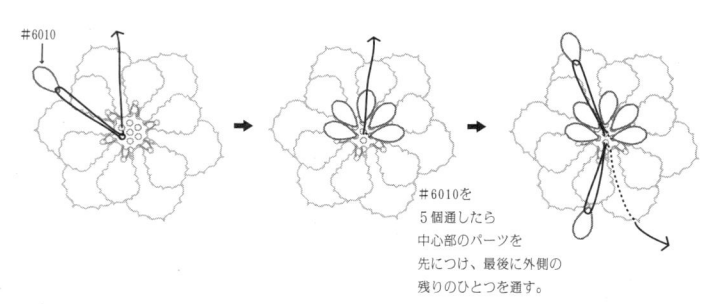

#6010
#6010を5個通したら中心部のパーツを先につけ、最後に外側の残りのひとつを通す。

4

シャワー金具土台にシャワー台を取り付けたら完成。
スワロフスキーや石座を傷つけないように
平ヤットコに布などをあてて爪を倒すと良い。

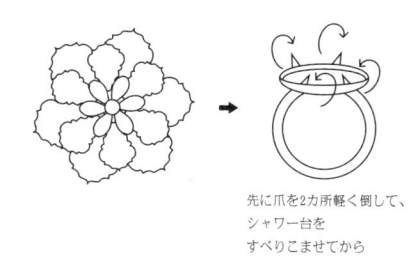

先に爪を2カ所軽く倒して、シャワー台をすべりこませてから残りの爪を倒すとよい

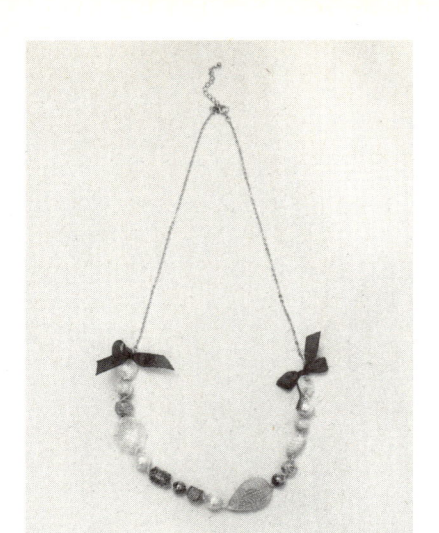

sugar drop ☆☆☆★★

記号	パーツ名	サイズ	色	個数
A	スワロフスキー#1028	SS39	ヴィンテージローズ	1ヶ
B	スワロフスキー#4120	14×10	クリスタル	1ヶ
C	スワロフスキー#8116	20mm	クリスタル	1ヶ
D	スワロフスキー#8116	12mm	クリスタル	2ヶ
E	樹脂パール	10mm	ホワイト	3ヶ
F	樹脂パール	8mm	ガンメタ	2ヶ
G	半貴石シズクー穴	28×18	アマゾナイト	1ヶ
H	MIYUKI ウッドビーズH702	8mm	※	1ヶ
I	MIYUKI ウッドビーズH705	7×14	※	1ヶ
J	MIYUKI ウッドビーズH708	8mm	※	2ヶ
K	MIYUKI ウッドビーズH769/2	10mm	ナチュラル	1ヶ
L	石座#1028	SS39	ロジウムカラー	1ヶ
M	石座#4120	14×10	金古美	1ヶ
	丸カン	0.7×3.5	ゴールド	4ヶ
	ヒキワ	6mm	ゴールド	1ヶ
	アジャスター		ゴールド	1ヶ
	カシメ	1.5mm	ゴールド	2ヶ
	チェーン245SF		ゴールド	32cm
	フリーメタリコ	28コース	シルバー	40cm
	エンブロイダリーリボン	7mm	マゼンタ	40cm

メタリコの中のパーツはお好みのものでアレンジできます。
※MIYUKIウッドビーズはパックの中から好きな色を選びましょう。
　掲載のカラーがパックの中に含まれない場合がありますので、ご了承下さい。

使用工具 / 平ヤットコ、ニッパー、ハサミ、メタリコスティック(3本入)または直径10mm程の棒
副資材 / クリアーコートスプレー

1
スワロフスキーを同サイズの石座に水平になるように乗せて、番号順に石座の爪を倒す。
この時、スワロフスキーや石座に傷がつかない様、平ヤットコに布などをあてて爪を倒すとよい。

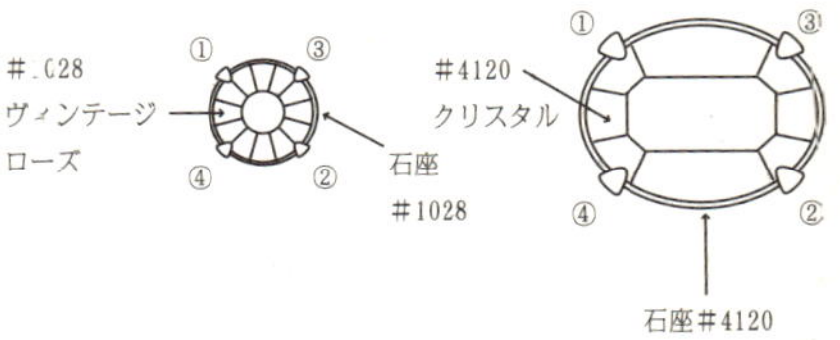

2
フリーメタリコを40cmにカットする。工具のメタリコスティック（太）または棒を通し、均等に広げる。

3
図の様に、フリーメタリコの中にパーツを通し、C、G、Dの穴が横に平列に並ぶようにする。フリーメタリコが破れない様、注意する。

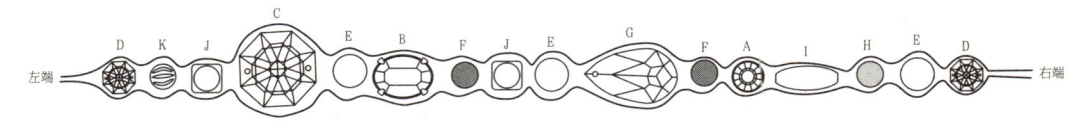

4
パーツとパーツの間を2～3回ねじって、隙間がなくなる様に包んでいく。全て包み終わったらクリアーコートスプレーをまんべんなくかける。

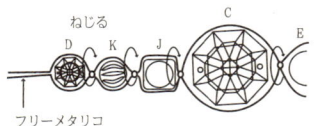

5
両端をカシメで留める（P61「カシメの使い方」参照）。
①、②の順番に折り倒す。

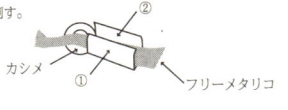

6
チェーンを16cmにカットし、カシメとチェーンを丸カンでつなげる（P57「丸カンの開閉の仕方」参照）。

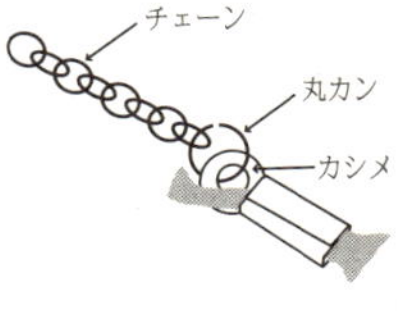

7
左端のチェーンに丸カンで、アジャスターを取付ける。
右端のチェーンに丸カンでヒキワを取り付ける（P61「留め具の付け方」参照）。

8
両サイドのカシメの部分に、リボンを結ぶ。
両方のリボンの端を、斜めにカットして完成。

ice drop ☆☆★★★

パーツ名	サイズ	色	個数
スワロフスキー#5000	6㎜	クリスタル	2ヶ
スワロフスキー#5020	8㎜	クリスタル	2ヶ
スワロフスキー#5020	6㎜	クリスタル	3ヶ
スワロフスキー#5500	9×6	クリスタル	2ヶ
スワロフスキー#6002	15×11.5	クリスタル	1ヶ
スワロフスキー#8115	14㎜	クリスタル	1ヶ
スワロフスキー#8115	20㎜	クリスタル	1ヶ
スワロフスキー#8641	20×12	クリスタル	1ヶ
スワロフスキー#8721	28×17	クリスタル	2ヶ
淡水パールポテト	4.5㎜	ホワイト	3ヶ
SV925チャームキュービック6本爪	10㎜	クリスタル	1ヶ
SV925チャームキュービック6本爪	8㎜	クリスタル	2ヶ
SV925チャームキュービック6本爪	6㎜	クリスタル	3ヶ
SV925 スワロフスキー スクエア		クリスタル	1ヶ
SV925 チャーム淡水パールポテト		ホワイト	2ヶ
丸カン	0.8×6	SV925	4ヶ
丸カン	0.8×5	SV925	2ヶ
丸カン	0.8×4	SV925	8ヶ
Tピン	0.5×25	SV925	12ヶ
カニカン	小	SV925	1ヶ
アジャスター		SV925	1ヶ
チェーン280S		SV925	20㎝
アーティスティックワイヤー	#26	ノンターニッシュSV	5㎝

使用工具 / 平ヤットコ、丸ヤットコ、ニッパー

チェーンを必要なコマ数でカットし、図の様に組み立てたら完成（P57「丸カンの開閉の仕方」、P58「Tピン・9ピンの使い方」参照）。

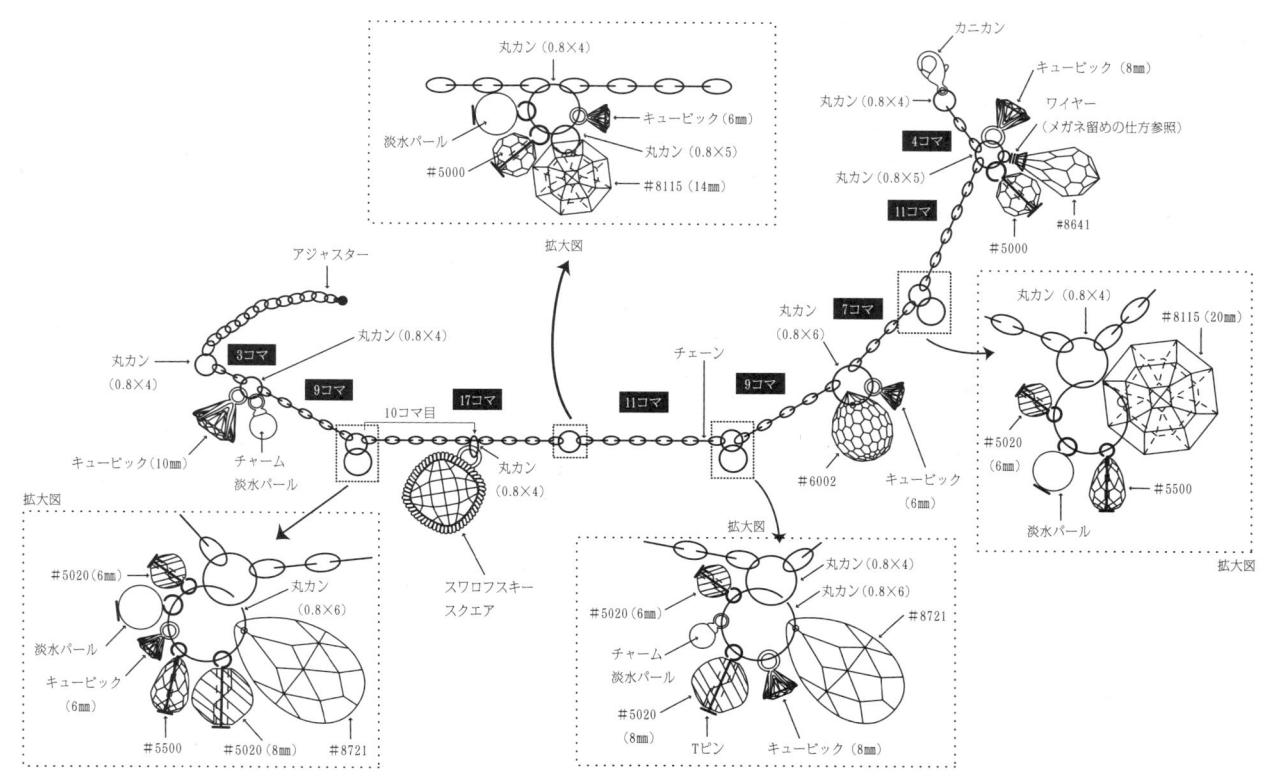

sepia ☆☆☆★★

パーツ名	サイズ	色	個数
樹脂パール	16mm	LT.ブロンズ	2ヶ
樹脂パール	10mm	LT.ブロンズ	2ヶ
樹脂パール	6mm	LT.ブロンズ	9ヶ
Tピン	0.7×25	金古美	5ヶ
9ピン	0.7×20	金古美	8ヶ
デザイン丸カン　ツイストNO.3	11mm	金古美	4ヶ
デザイン丸カン　ツイストNO.4	15mm	金古美	4ヶ
デザイン丸カン　ツイストNO.5	20mm	金古美	1ヶ
丸カン	0.8×5	金古美	13ヶ
丸カン	0.8×6	金古美	2ヶ
カニカンNO.1		金古美	1ヶ
チェーンBFG160BF		金古美	6cm

使用工具 / 平ヤットコ　丸ヤットコ　ニッパー

図の様に組み立てたら完成（P57「丸カンの開閉の仕方」、P58「Tピン・9ピンの使い方」参照）。

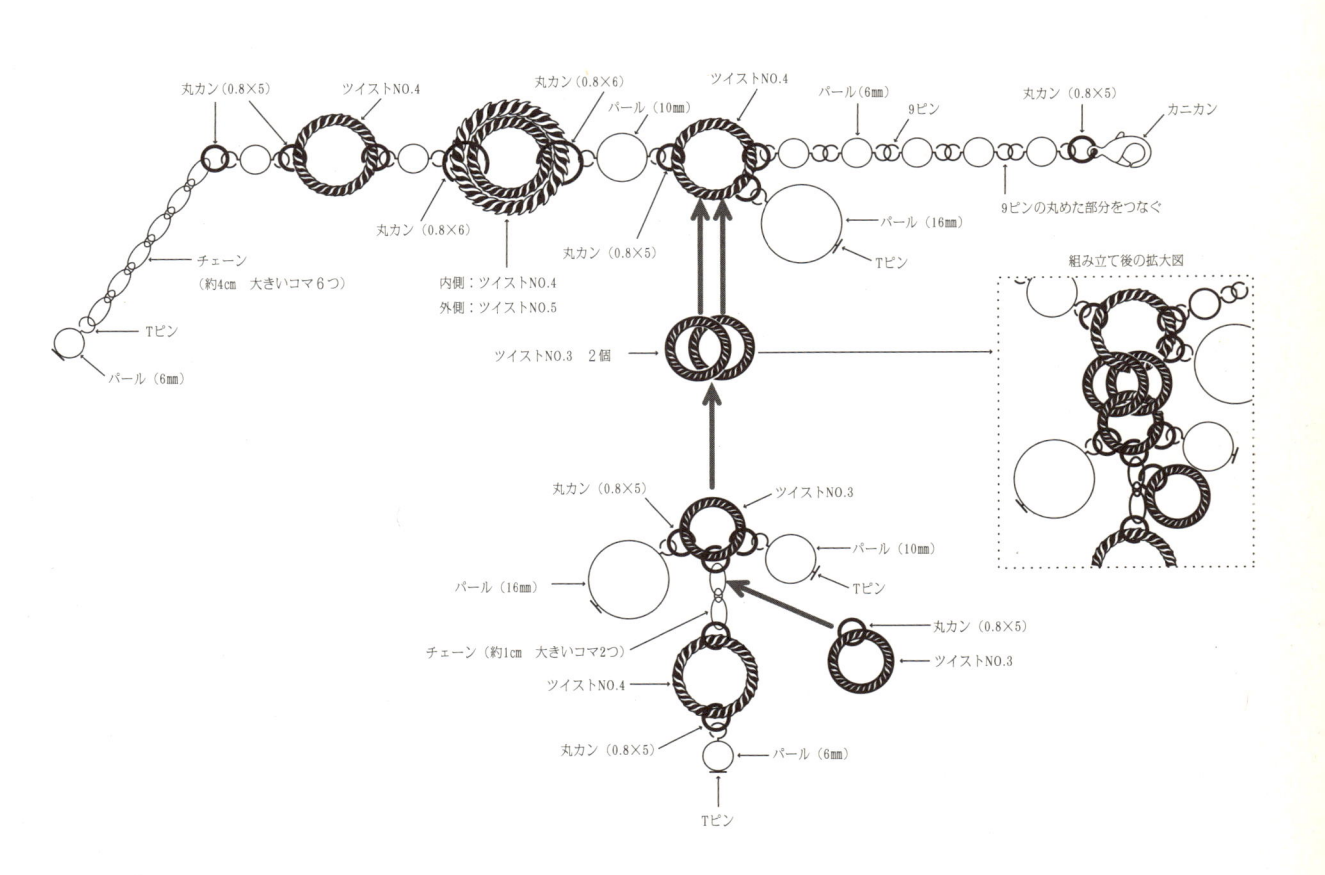

more mohair ☆☆☆★★

記号	パーツ名	サイズ	色	個数
A	チェコカット	10mm	トパーズラスター	10ヶ
B	チェコカット	10mm	ローズオパールWL	6ヶ
C	チェコカット	8mm	オリーブラスター	8ヶ
D	チェコカット	8mm	クリスタルAB	12ヶ
E	チェコカット	6mm	シャム	12ヶ
F	チェコカット	6mm	アメジスト	12ヶ
G	チェコカット	6mm	スモークトパーズ	12ヶ
H	チェコカット	5mm	トパーズ	16ヶ
I	チェコカット	5mm	LT.ローズVA	18ヶ
J	チェコカット	4mm	クリスタル	34ヶ
	丸カン	1.0×6	ゴールド	2ヶ
	カツラ	5.4mm	ゴールド	2ヶ
	真鍮マンテル NO.5		ゴールド	1セット
	毛糸（モヘア）※	棒針7〜8号	ピンク	4m
	アーティスティックワイヤー	#28	ノンターニッシュB	30cm

※モヘア毛糸は専門店や手芸店でお好みのカラーを選びましょう。

使用工具 / 平ヤットコ　丸ヤットコ　ニッパー　はさみ　　副資材 / 接着剤

1
毛糸を8本に切り分ける。
図のようにチェコカット（A〜J）を通し、
a,b,c,dパターンを各2本ずつ作る。

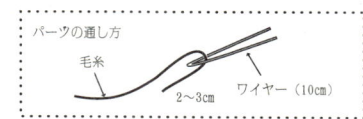

パーツの通し方
毛糸
ワイヤー（10cm）
2〜3cm

10cmにカットしたワイヤーを2つ折りにして毛糸の端を
2〜3cm残して挟み込み、針の様にしてパーツを通していく。

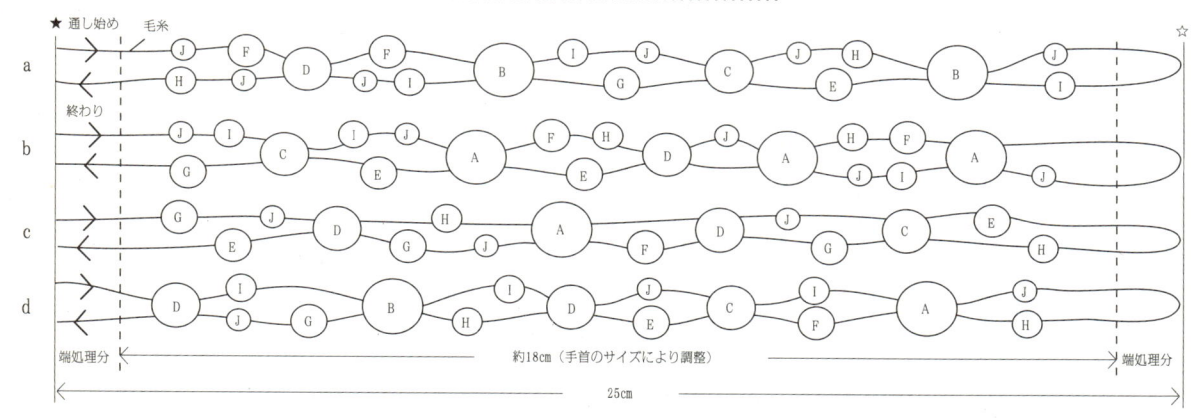

★通し始め　毛糸
終わり

端処理分　約18cm（手首のサイズにより調整）　端処理分
25cm

2
a〜dは図の向きでまとめる（1の図中★印参照）。

3
まとめた毛糸の両端を図の様に処理する。

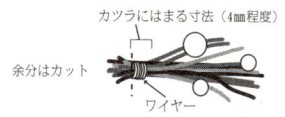

カツラにはまる寸法（4mm程度）
余分はカット
ワイヤー

①毛糸の端を全てまとめてワイヤー（10cm）で
しっかりと巻き付け、固定したらワイヤーの余りは
根元でカットし、毛糸の端をワイヤーの際で切りそろえる。

接着剤
カツラ

②毛糸が抜けないよう図中破線部分に接着剤を
たっぷりとつけ、カツラをかぶせる。
乾くまで置き、しっかり固定させる。

4
カツラに丸カンでマンテルを
取り付けたら完成
（P57「丸カンの開閉の仕方」参照）。

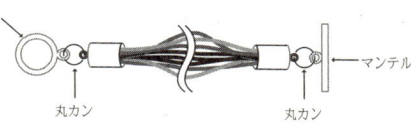

マンテル　丸カン

spring garden ☆★★★★

パーツ名	サイズ	色	個数
スワロフスキー #1028丸	SS39	Lt.アメジスト、トパーズ、Lt.ローズ Lt.トパーズ、クリソライト、アメジスト	各1ヶ
スワロフスキー #1028丸	SS39	ホワイトアラバスター	4ヶ
スワロフスキー #4200	11×3	シャム	2ヶ
スワロフスキー #4200	10×5	トパーズ	1ヶ
スワロフスキー #4231	10×5	クリソライト	4ヶ
スワロフスキー #4320	18×13	ローズアラバスター	2ヶ
スワロフスキー #4320	14×10	パシフィックオパール	6ヶ
スワロフスキー #4320	14×10	クリスタル	2ヶ
石座#1028 2カン付	SS39	ゴールド	4ヶ
石座#1028	SS39	ゴールド	6ヶ
石座#4200	11×3	ゴールド	2ヶ
石座#4231	10×5	ゴールド	5ヶ
石座#4320	18×13	ゴールド	2ヶ
石座#4320	14×10	ゴールド	8ヶ
スカシパーツ花六弁	29mm	ゴールド	2ヶ
スカシパーツ 蝶	22×31	ゴールド	2ヶ
スカシパーツ 四角	22×22	ゴールド	10ヶ
丸カン	0.6×3	ゴールド	4ヶ
丸カン	0.8×4	ゴールド	6ヶ
丸カン	1.0×6	ゴールド	
カニカンNo.2／アジャスターNo.3		ゴールド	各1ヶ
チェーン260SF		ゴールド	16cm
テグス	3号	透明	8.6m
使用工具 ／ 平ヤットコ、丸ヤットコ、ニッパー			

1
スワロフスキーを同サイズの石座に水平になるように乗せて、
石座の爪を倒す（爪を倒す順番はP67sa-n-goの工程1を参照）。
この時、スワロフスキーや石座に傷がつかない様、平ヤットコに布などをあてて爪を倒すとよい。
（#1028のLt.アメジスト、Lt.ローズ、Lt.トパーズ、クリソライトは石座#1028 2カン付に取り付ける。）

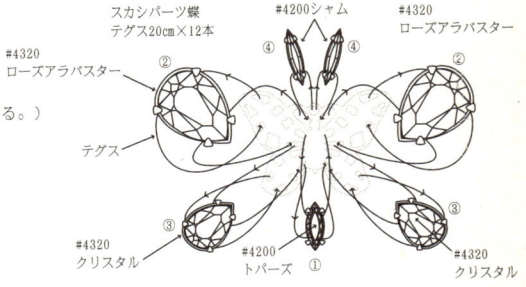

2
①～の番号順で、石座をスカシパーツに取り付けていく。テグスを下記の本数でカットし、
図の様に通し、スカシパーツの裏で2.3回結び、2mm残してカットする。結び目に接着剤をつける。

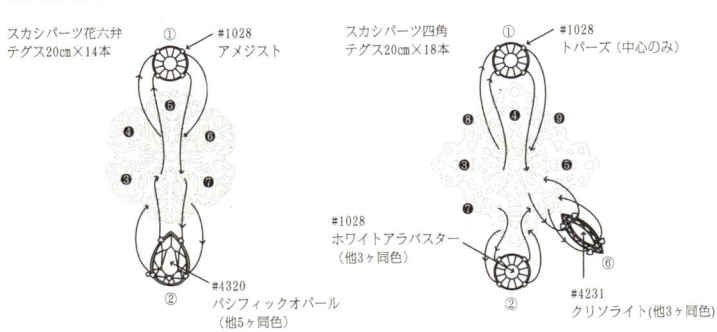

3
2で作ったパーツの裏に、それぞれ同じスカシパーツを重ね、
図の様に丸カンで固定する（P57「丸カンの開閉の仕方」参照）。

hula ☆☆☆★★

パーツ名	サイズ	色	個数
スワロフスキー ＃5040	6mm	シャム	4ヶ
スワロフスキー ＃6010	11×5.5mm	ジョンキル	12ヶ
ドイツ製アクリルSK713（葉っぱパーツ）	49×13	オリーブC	12ヶ
ウッドパーツ ククイナッツ	20〜30mm	ゴールド	2ヶ
9ピン	0.8×45	金古美	2ヶ
丸カン	0.8×5	金古美	12ヶ
三角カン	0.6×5×5	金古美	12ヶ
ピアスカン付き		金古美	1ペア
チェーン K-105		金古美	70cm

使用工具 / 平ヤットコ 丸ヤットコ ニッパー

1
チェーンを下記の5種類の長さに、カットする。
このとき両端に大きいコマがくるようにする（2の図参照）。
（コマの大きさにより、長さが多少前後する場合がある）

①3.5cm×2本
②4.8cm×2本
③5.5cm×2本
④6.5cm×4本
⑤7.5cm×2本

2
1で切り分けたチェーンそれぞれに、三角カンで
スワロフスキーをつける（P59「三角カンの使い方」参照）。

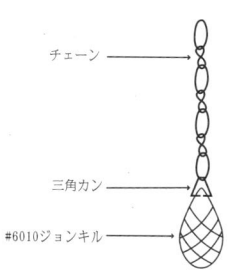

チェーン
三角カン
＃6010ジョンキル

3
9ピンにパーツを通し、先を丸める（P58「Tピン・9ピンの使い方」参照）。
この時、9ピンの輪の向きは図の様にしておく。

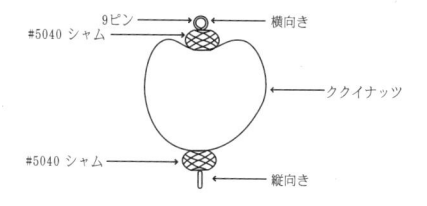

9ピン　横向き
＃5040 シャム
ククイナッツ
＃5040 シャム
縦向き

4
図の様に組み立てる（P57「丸カンの開閉の仕方」参照）。
同じ物をもう1つ作って、ペアにしたら完成。

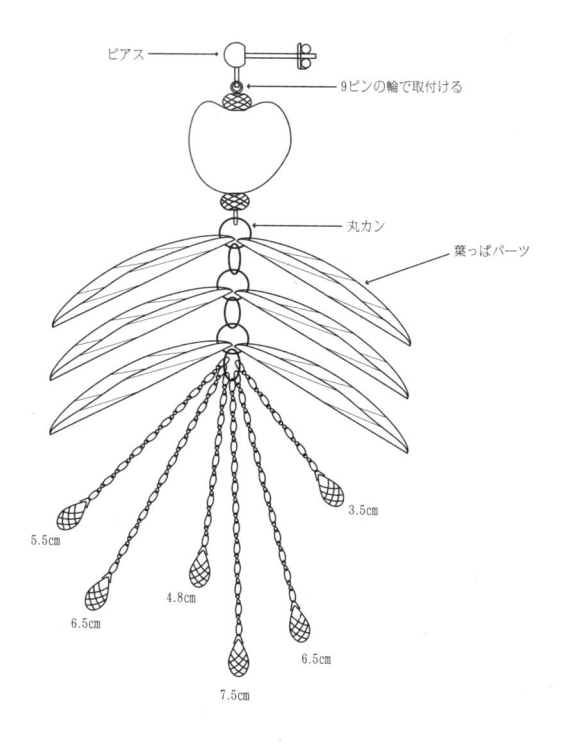

ピアス
9ピンの輪で取付ける
丸カン
葉っぱパーツ
3.5cm
5.5cm
4.8cm
6.5cm
6.5cm
7.5cm

hide-and-seek ☆☆☆☆★

	パーツ名	サイズ	色	個数
①	スワロフスキー#1028	SS39	クリスタル	1ヶ
	石座#1028	SS39	ロジウムカラー	1ヶ
	リング台 丸皿	8mm	ロジウムカラー	1ヶ
②	スワロフスキー#4527	14×10	クリスタル	1ヶ
	石座#4527	14×10	ロジウムカラー	1ヶ
	リング台 スカシ幅広	フリー	ロジウムカラー	1ヶ
③	スワロフスキー#2072	10mm	クリスタル	1ヶ
	台座 丸アイビー	10mm	ロジウムカラー	1ヶ
	リング台 丸皿	8mm	ロジウムカラー	1ヶ
④	スワロフスキー#2072	10mm	クリスタル	1ヶ
	リング台 丸皿	8mm	ロジウムカラー	1ヶ
⑤	スワロフスキー#4869	8mm	クリスタルCAL	1ヶ
	リング台 丸皿	8mm	ロジウムカラー	1ヶ

使用工具 / 平ヤットコ
副資材 / 接着剤、ラッカースプレー(合成樹脂エナメル塗料)
※ラッカースプレーは専門店で好みのカラーを選びましょう。

1

スワロフスキーを同サイズの
石座に水平になるように乗せる。
図の順で石座の爪を倒す。
この時、スワロフスキーや石座に
傷がつかない様、
平ヤットコに布などをあてて
爪を倒すとよい。
リング台の丸皿に接着剤を付け
石座を貼り付ける。

① #1028 クリスタル → 石座 → リング台丸皿 → 貼付完成
※石座の爪は、対角線上に向かい合う同士を倒す。

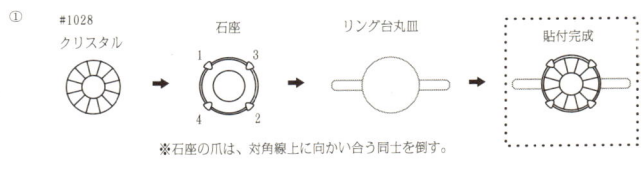

② #4527 クリスタル → 石座 → リング台スカシ幅広 → 貼付完成

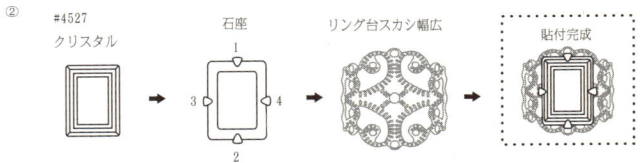

台座丸アイビーの内側に
接着剤をつけ、
スワロフスキーをはめ合わせる。
リング台の丸皿の部分に
接着剤をつけ、貼り付ける。

③ #2072 クリスタル → 台座 → リング台丸皿 → 貼付完成

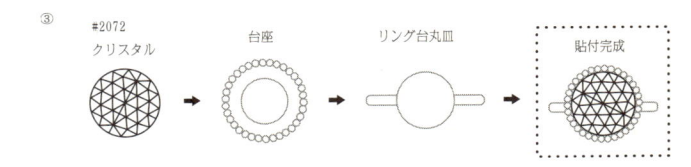

リング台の丸皿の部分に
接着剤をつけ、貼り付ける。

④ #2072 クリスタル → リング台丸皿 → 貼付完成

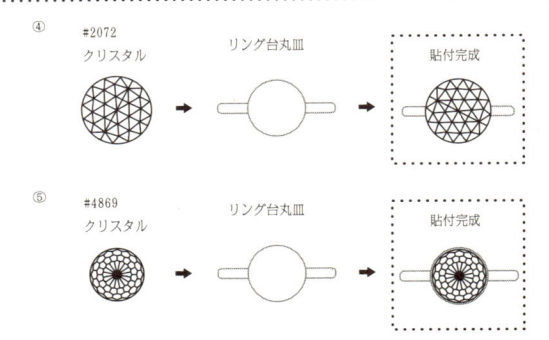

⑤ #4869 クリスタル → リング台丸皿 → 貼付完成

2

接着剤が乾いたら、スプレーで「うすめに塗って、乾かす」を2~3回繰り返し、重ね塗りをする。

kojika

kojika

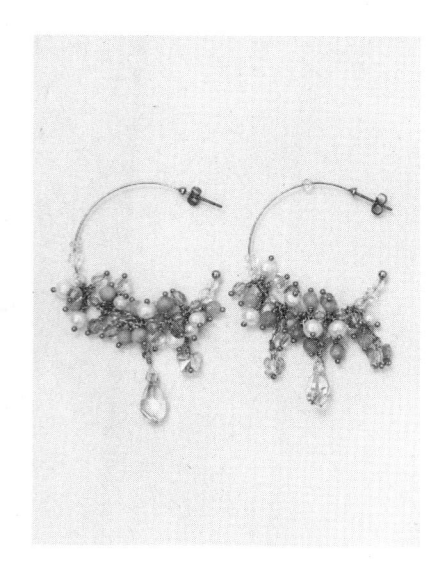

whisper hoop ☆☆★★★

パーツ名	サイズ	色	個数
スワロフスキー ＃5000	3mm	CRY.ムーンライト	6ヶ
スワロフスキー ＃5000	3mm	シルク	10ヶ
スワロフスキー ＃5000	4mm	CRY.ムーンライト	4ヶ
スワロフスキー ＃5000	4mm	Lt.アメジスト	4ヶ
スワロフスキー ＃5000	4mm	Lt.ピーチ	6ヶ
スワロフスキー ＃5000	4mm	パシフィックオパール	6ヶ
スワロフスキー ＃5020	4mm	シルク	6ヶ
スワロフスキー ＃5754	5mm	CRY.シルバーシェード	2ヶ
スワロフスキー ＃5754	6mm	CRY.シルバーシェード	2ヶ
スワロフスキー ＃6015	13mm	CRY.シルバーシェード	2ヶ
淡水パール ポテト	3.5mm	ホワイト	6ヶ
淡水パール ポテト	4.5mm	ホワイト	8ヶ
半貴ラウンドカット32面	4mm	白珊瑚（ピンク染）	10ヶ
デザインピン丸	0.5×20	ゴールド	50ヶ
ピアスチタンフープ	大	ゴールド	1ペア
チェーンK-190		ゴールド	16cm
アーティスティックワイヤー	＃28	ノンターニッシュB	20cm

使用工具 / 平ヤットコ、丸ヤットコ、ニッパー　副資材 / 接着剤

1
チェーンを下記のコマ数で6種類にカットする。

① 2コマ×4本　② 3コマ×4本　③ 4コマ×2本　④ 5コマ×2本　⑤ 6コマ×2本　⑥ 7コマ×2本

2
図の様に、
デザインピンを通している各パーツを、
メガネ留めにする
（P62「メガネ留めの仕方」参照）。
チェーンをつないでいるパーツは
チェーンの先端にメガネ留めで取り付ける。
メガネ留めが難しい場合は、
パーツにデザインピンを通し
先を丸めてもよい
（P58「Tピン・9ピンの使い方」参照）。

3
ワイヤーを10cmにカットし
＃6015を通し、
図の様にチェーン5コマの端に
メガネ留めで取り付ける
（P62「メガネ留めの仕方」参照）。

4
図の順序で各パーツを
すべて通していく。
同じものをもう1つ作る。

5
フープピアスの端に接着剤をつけ、
キャップを差し込み、
しっかりと固定したら完成（図中★部分）。
キャップはピアスチタンフープに付属。

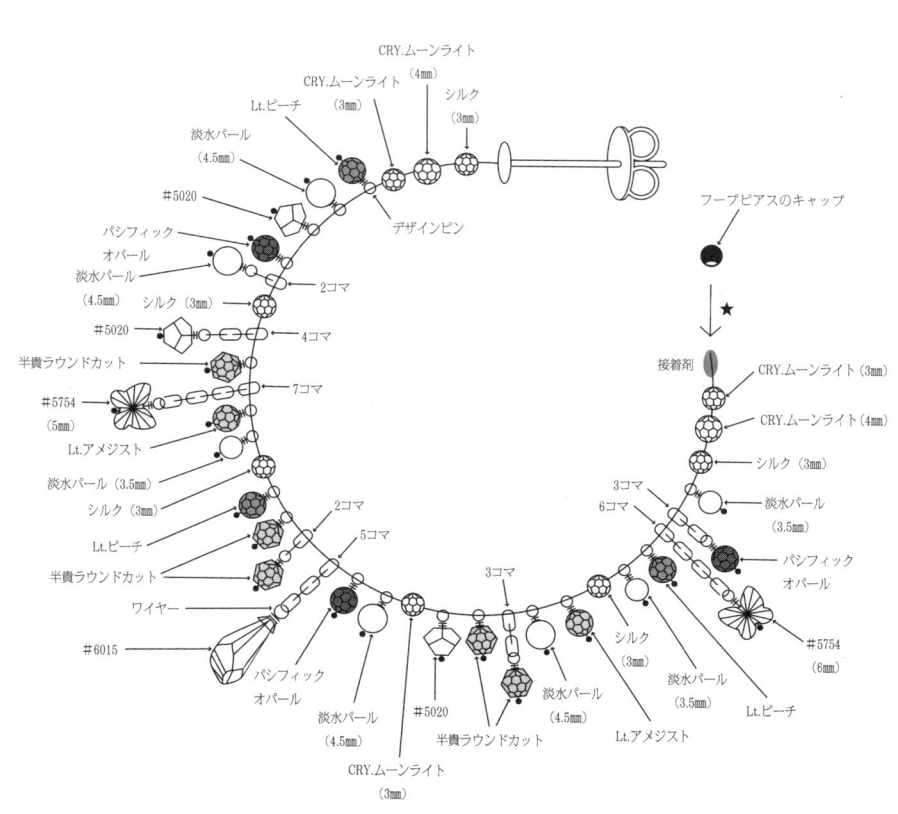

スワロフスキーの品番表記のないものはすべて＃5000

soda ☆☆☆☆★

パーツ名	サイズ	色	個数
SV925チャームキュービック6本爪	10㎜	合成石アクアマリン	1ヶ
SV925チャームキュービック6本爪	6㎜	合成石アクアマリン	1ヶ
SV925チャーム淡水パール　ポテト		ホワイト	1ヶ
SV925 ジョイント金具　オーバルバチカン		シルバー	1ヶ
SV925 ネックレスKVD-RO22	40㎝	シルバー	1ヶ

※パーツやカラーは、自由に選んで楽しめます。

オーバルバチカンに、図の様にパーツとネックレスを通し、閉じて完成。

ネックレスKVD-RO22

オーバルバチカン

淡水パールポテト　ホワイト

キュービック6本爪　10㎜　アクアマリン

キュービック6本爪　6㎜　アクアマリン

promise ☆☆☆☆★

パーツ名	サイズ	色	個数
SV925チャームキュービック6本爪	10mm	クリスタル	5ヶ
SV925チャームキュービック6本爪	8mm	クリスタル	5ヶ
SV925チャームキュービック6本爪	6mm	クリスタル	7ヶ
SV900 リング台スライド3カン	#9、11、13	シルバー	1ヶ
SV925 丸カン	0.8×5	シルバー	3ヶ

使用工具 / 平ヤットコ、丸ヤットコ　　　※パーツやカラーは、自由に選んで楽しめます。

図の様にパーツを並べ、リング台の中へ通し入れる。リングを閉じうれる様に、パーツを3カンの部分に入れる。リングをスライドさせ、閉じて完成。

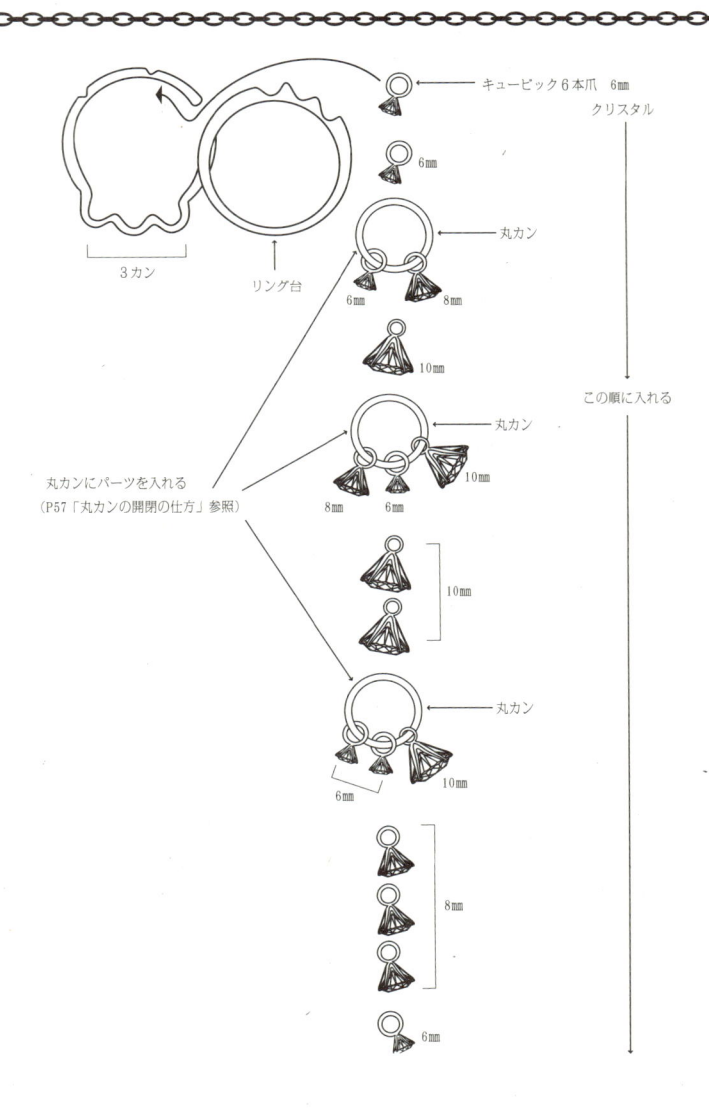

celebrace ☆☆☆★★

※①～⑤の番号は、P34の写真の上からの並び順です。

	パーツ名	サイズ	色	個数
①	スワロフスキー#4470	10mm	ホワイトオパール	13ヶ
	スワロフスキー#5810	3mm	パウダーアーモンド	24ヶ
	石座#4470	10mm	ゴールド	13ヶ
	真鍮マンテルNo.5		ゴールド	1ヶ
②	スワロフスキー#1028	SS39	クリソライト	16ヶ
	スワロフスキー#5301	3mm	ブラックダイヤAB	30ヶ
	石座#1028	SS39	ロジウムカラー	16ヶ
	キャストマンテル	小	ロジウムカラー	1ヶ
③	スワロフスキー#1028	SS45	Lt.コロラドトパーズ	13ヶ
	スワロフスキー#5301	4mm	ホワイトオパールGシャドウ	24ヶ
	石座#1028	SS45	ゴールド	13ヶ
	真鍮マンテルNo.5		ゴールド	1ヶ
④	スワロフスキー#4461	8mm	インディアンサファイア	14ヶ
	スワロフスキー#5000	4mm	ライム	26ヶ
	石座#4461	8mm	ロジウムカラー	14ヶ
	キャストマンテル	小	ロジウムカラー	1ヶ
⑤	スワロフスキー#4470	10mm	Lt.ピーチ	13ヶ
	スワロフスキー#5810	3mm	クリームローズ	24ヶ
	石座#4470	10mm	ゴールド	13ヶ
	真鍮マンテルNo.5		ゴールド	1ヶ
共通	U字金具		ゴールドまたはロジウム	各2ヶ
	丸カン	0.8×4.5	ゴールドまたはロジウム	各2ヶ
	つぶし玉	2mm	ゴールドまたはロジウム	各1ヶ
	ナイロンコートワイヤー	0.4mm ゴールド ①③⑤	0.4mm グレー ②④	各60cm

※①～⑤の全カラーとも作り方は同様です。　　使用工具　平ヤットコ、丸ヤットコ、ニッパー

1
U字金具を図の様に広げる。このとき、U字金具の穴をつぶさない様に注意。

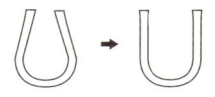

2
ワイヤーを60cmにカットし、図の様に、U字金具に通す。

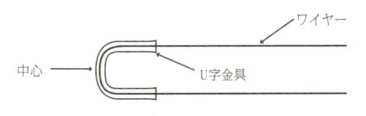

3
2のワイヤーに、石座とスワロフスキー（#5301、5000、5810）を通す。

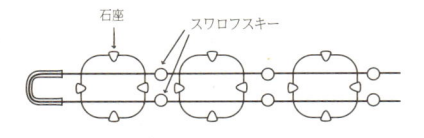

4
最後の石座まできたら、図の様に、ワイヤーにつぶし玉を入れる。もう一方のワイヤーは、石座の穴に通す。

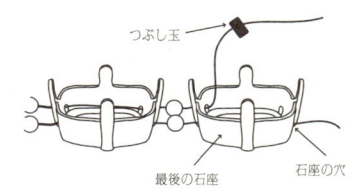

5
4で石座の穴に通したワイヤーは、図の様に、U字金具に通してつぶし玉まで通す。ワイヤーを適度に引っ張りたるみをなくしたら、つぶし玉をつぶす。余分なワイヤーはカットする。

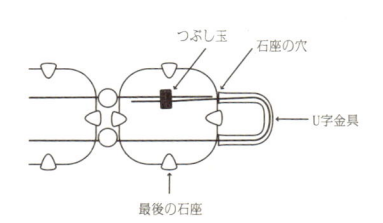

6
スワロフスキーを同サイズの石座に水平になるように乗せる。図の順に石座の爪を倒す。この時、スワロフスキーや石座に傷がつかない様、平ヤットコに布などをあてて爪を倒すと良い。

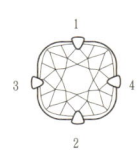

7
マンテルを丸カンでU字金具に取り付けて完成。

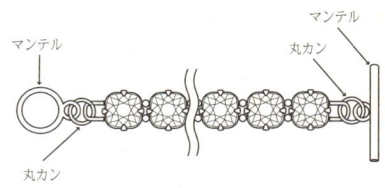

vitamin ☆☆☆☆★

パーツ名	サイズ	色	個数
スワロフスキー♯5000	4mm	フィッシャー	4ケ
スワロフスキー♯5040	6mm	パパラチア	2ケ
スワロフスキー♯5040	6mm	タンザナイト	1ケ
チェコボタンカット	3×5mm	オリーブ	22ケ
チェコカット	3mm	ゴールド	16ケ
半貴石サザレ		イエロージェイド	5ケ
半貴石丸両穴	4mm	アメジスト	2ケ
半貴石丸両穴	6mm	カーネリアン	2ケ
半貴石ラウンドカット64面	6mm	アマゾナイト	2ケ
半貴石DL5	8×14mm	ニュージェイド	1ケ
半貴石TL5	15×20mm	ベリークォーツ染	1ケ
ワイヤーブレス	細1連	ゴールド	1ケ

使用工具 / ニッパー　　副資材 / 接着剤

1
ワイヤーブレスの端の片方にセロハンテープを貼り、パーツが抜けない様に固定する。

2
右図の様に、パーツを通していく。

3
ワイヤーブレスの端に接着剤をつけ、キャップをかぶせて取り付け、接着剤が固まったら完成。キャップはワイヤーブレスに付属。

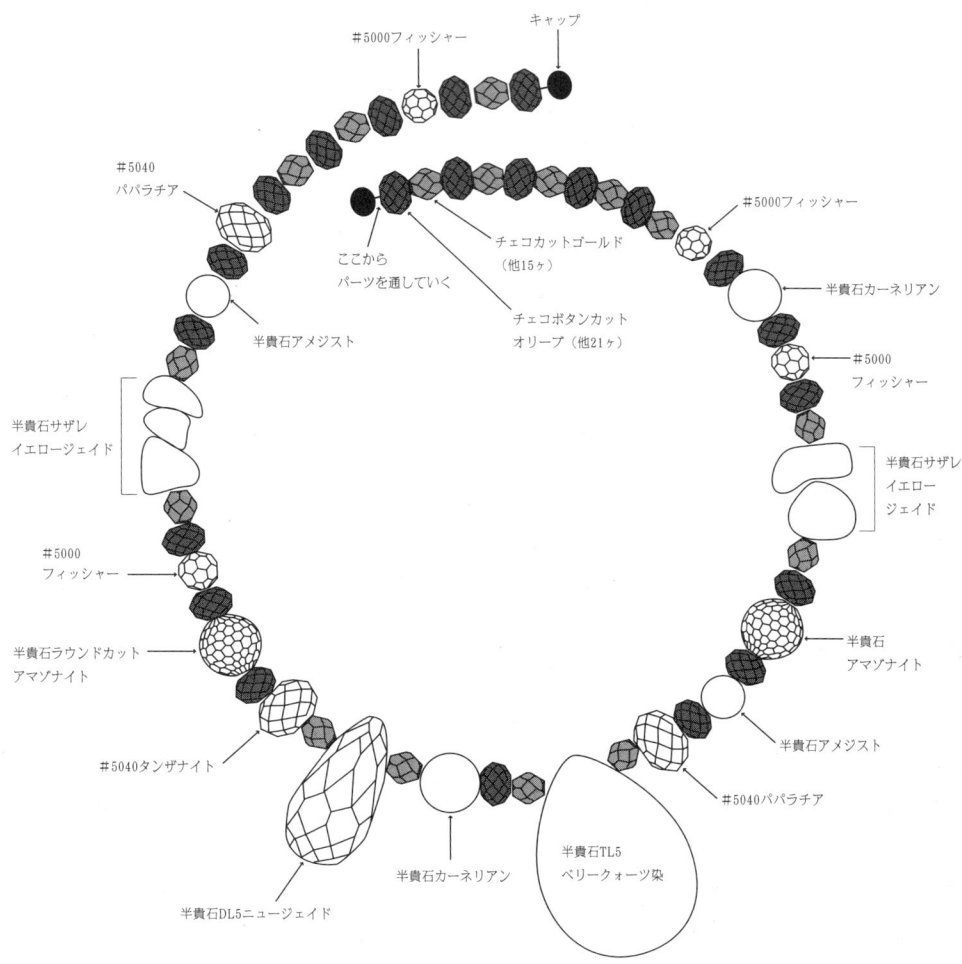

- ♯5000フィッシャー
- キャップ
- ♯5040 パパラチア
- ここからパーツを通していく
- チェコカットゴールド（他15ケ）
- チェコボタンカット オリーブ（他21ケ）
- ♯5000フィッシャー
- 半貴石カーネリアン
- ♯5000 フィッシャー
- 半貴石サザレ イエロージェイド
- 半貴石アメジスト
- 半貴石サザレ イエロージェイド
- ♯5000 フィッシャー
- 半貴石ラウンドカット アマゾナイト
- 半貴石 アマゾナイト
- ♯5040タンザナイト
- 半貴石アメジスト
- ♯5040パパラチア
- 半貴石DL5ニュージェイド
- 半貴石カーネリアン
- 半貴石TL5 ベリークォーツ染

※天然素材のパーツを使用しているため、大きさにブレが生じる場合があります。
それに伴いワイヤーブレスが余ってしまった場合は、ワイヤーをカットしてお使いください。また、パーツの量が多かった場合は、バランスをみて調整をしてください。

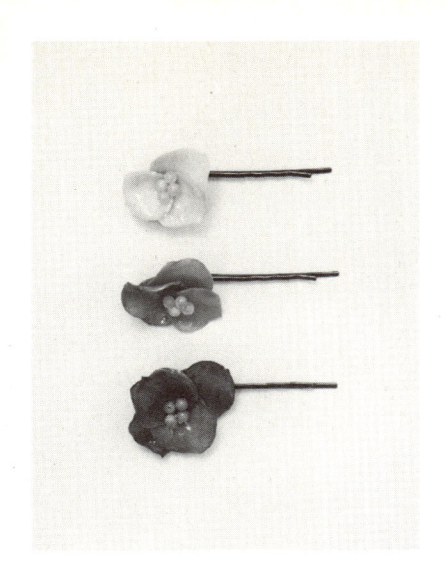

bloom ☆☆☆☆★

	パーツ名	サイズ	カラー	個数
クリーム	半貴石丸両穴	4mm	ハニーストーン	4ケ
	ドライフラワーパーツバラ花びら1穴	大	クリーム	4ケ
イエロー	半貴石丸両穴	4mm	ハニーストーン	4ケ
	ドライフラワーパーツバラ花びら1穴	大	イエロー	4ケ
ピンク	半貴石丸両穴	4mm	白珊瑚（ピンク染）	4ケ
	ドライフラワーパーツバラ花びら1穴	大	ピンク	4ケ
共通	シャワーヘアピン	12mm	金古美	1ケ
	テグス	4号	透明	1m

使用工具 / 平ヤットコ　はさみ or ニッパー　副資材 / 接着剤

1
テグスを4等分にカットし、それぞれの中央に半貴石を通す。

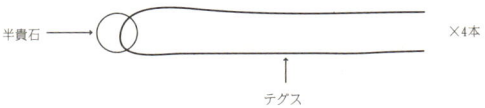

2
花びら4枚は表を上向きにして重ねる。4枚の花びらの穴に、図の様に1のテグスを通してから（2本ずつ♥と★に分けて表記）、シャワー台の穴に通す。上にくる花びらのサイズは小さめのものを選ぶと良い。

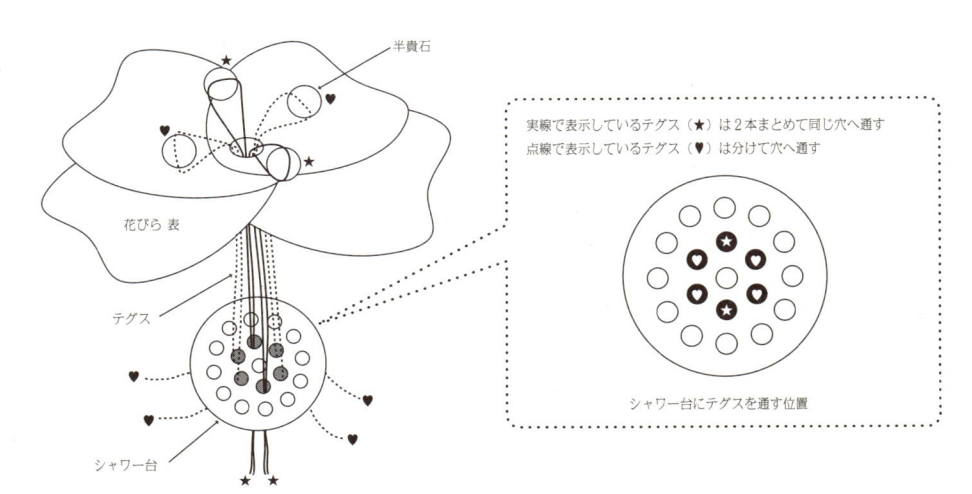

実線で表示しているテグス（★）は2本まとめて同じ穴へ通す
点線で表示しているテグス（♥）は分けて穴へ通す

シャワー台にテグスを通す位置

3
花びらの形を整え、シャワー台の裏でテグスをしっかりと2回結んだら（図の、★と★、♥と♥をそれぞれ結ぶ）、余分なテグスをカットして結び目に接着剤をつける。

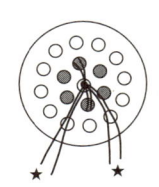

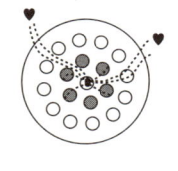

4
シャワー金具土台にシャワー台を図の様に取り付け、仕上げに花の形を整えたら完成。

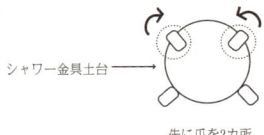

先に爪を2ヵ所軽く倒しておく

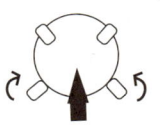

シャワー台をすべりこませてから、残りの爪を倒す

champagne & carbonic acid

☆☆☆☆★

パーツ名	サイズ	色	個数
champagne			
SV925チャームキュービック6本爪	10mm	シャンパン	2ヶ
SV925チャームキュービック6本爪	8mm	シャンパン	2ヶ
SV925チャームキュービック6本爪	6mm	シャンパン	4ヶ
SV925チャーム淡水パールポテト		オレンジ	2ヶ
SV925チャーム淡水パールライス		オレンジ	2ヶ
SV925 ジョイント金具 チェーン丸カン付No.3	5cm	シルバー	2ヶ
SV925 ジョイント金具 オーバルバチカン	8×6mm	シルバー	2ヶ
SV925 ピアス金具 フープピアス	25mm	シルバー	1ペア
SV925 丸カン	0.8×4	シルバー	2ヶ
carbonic acid			
SV925チャームキュービック6本爪	10mm	クリスタル	2ヶ
SV925チャームキュービック6本爪	6mm	クリスタル	2ヶ
SV925チャーム淡水パールポテト		ホワイト	2ヶ
10K/WG ジョイント金具 クリップ		ホワイトゴールド	2ヶ
SV925 ピアス金具 アメリカンピアス		シルバー	1ペア

使用工具 / 平ヤットコ、丸ヤットコ

champagne 図の様にパーツをピアス金具に通し入れる（オーバルバチカンを閉じる）。同じものをもう1つ作ったら完成。

carbonic acid 下図の様に組み立てる。同じものをもう1つ作ったら完成。

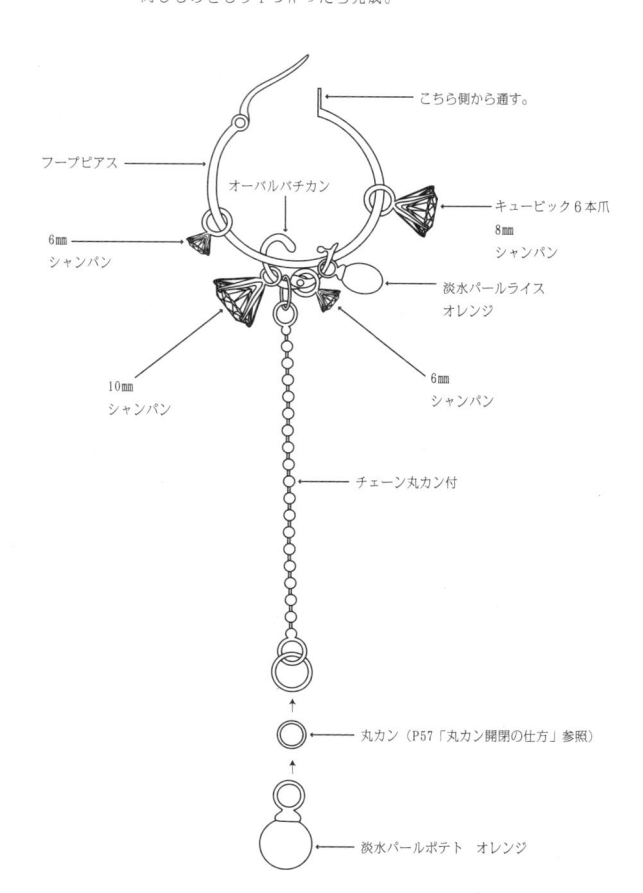

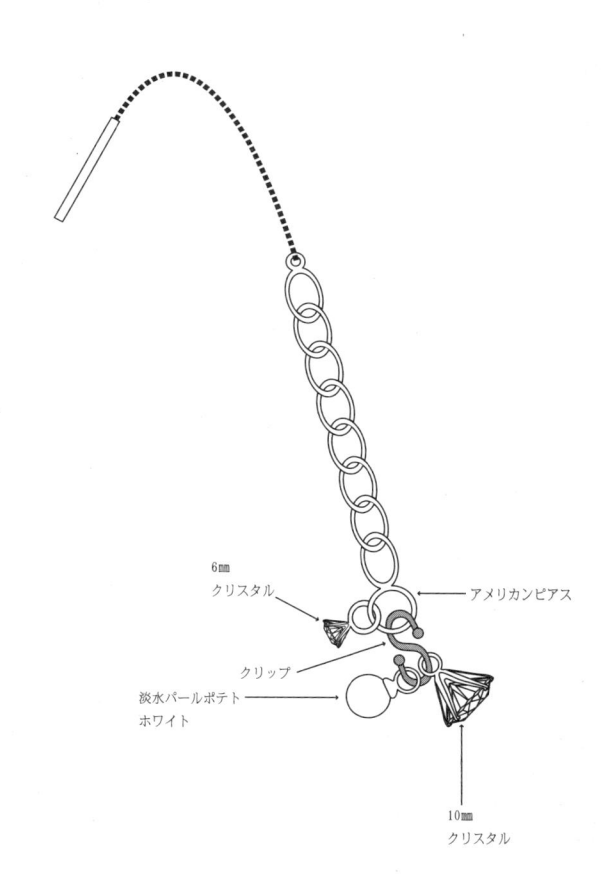

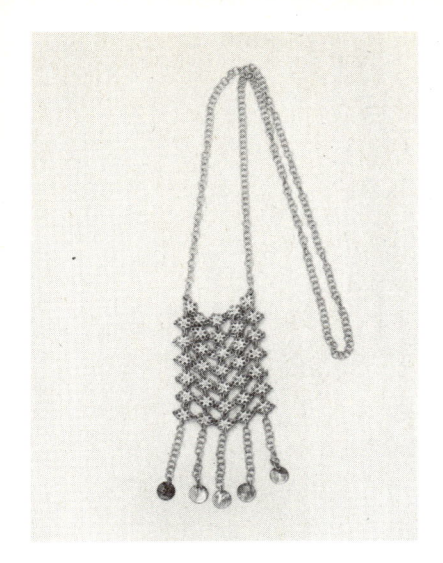

chain pocket

☆☆☆★★

パーツ名	サイズ	色	個数
シェルパーツCB-SH3	15mm	オレンジ	5ヶ
チェーンK-288(丸カンチェーン)		シルバーカッパー	1.7m
チェーンK-323(花チェーン)		シルバーカッパー	1.4m (花モチーフ70個分必要)

使用工具 / 平ヤットコ 丸ヤットコ or 指カン（行程1で使用）

1
丸カンチェーンを6cm5本と1mに分ける。
切り込み部分を丸カンを開く要領ではずすと
ニッパーでカットせずに分けられる（P57「丸カンの開閉の仕方」参照）。

2
残りの丸カンチェーンのコマを外し、60個の丸カンを作る。

3
花モチーフ10個がつながったものを1本とし、花チェーンを7本用意する。
このとき両端の外したCカン（花と花の間をつないでいるパーツ）は後から使うので、
なくさない様に注意する。

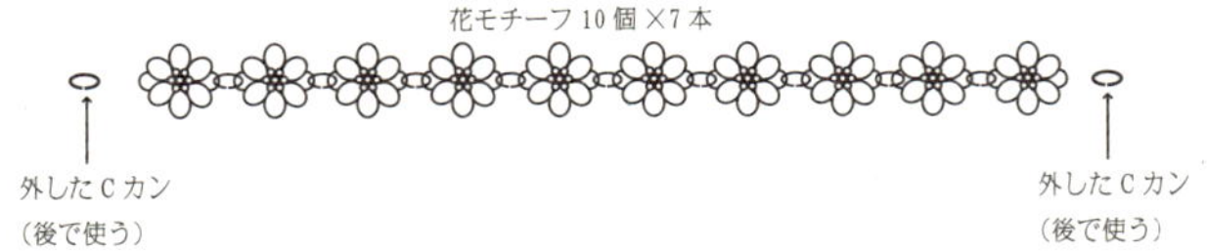

花モチーフ10個×7本

外したCカン（後で使う）

4
花チェーンは2で作った丸カンで図の様につなぎ、
両端（図中★と☆部分）を3で外したCカンでつなげて筒状にする。

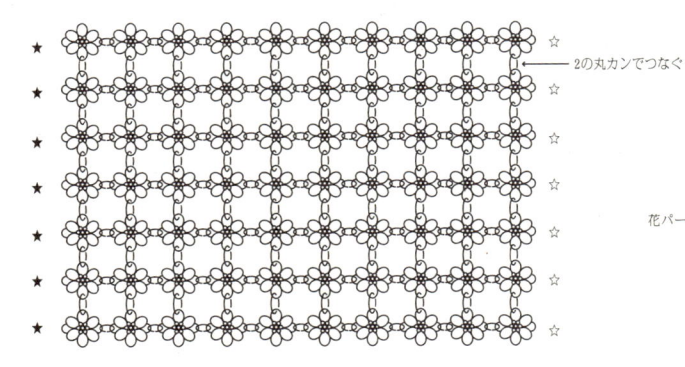

2の丸カンでつなぐ

5
右図中♥部分にそれぞれ、6cmの丸カンチェーンを
図の様に取り付け、底を閉じる。シェルパーツは
表裏があるので同じ向きに揃えるように取り付ける。
最後に1mの丸カンチェーンを
図中▲のCカンに取り付けたら完成。

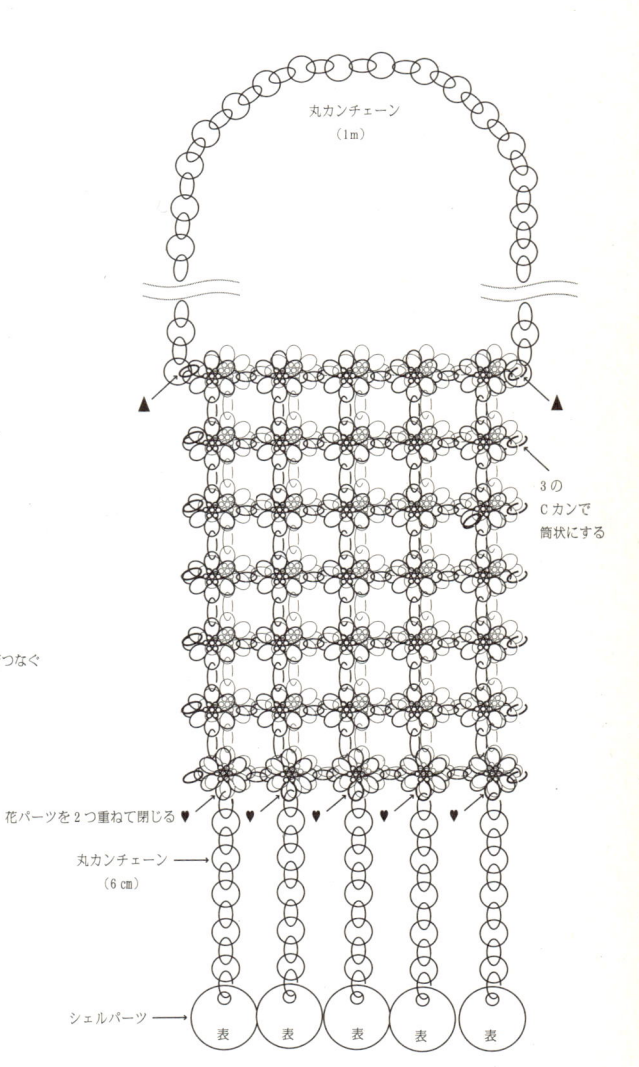

丸カンチェーン（1m）

3のCカンで筒状にする

花パーツを2つ重ねて閉じる♥

丸カンチェーン（6cm）

シェルパーツ 表

grape ☆☆☆★★

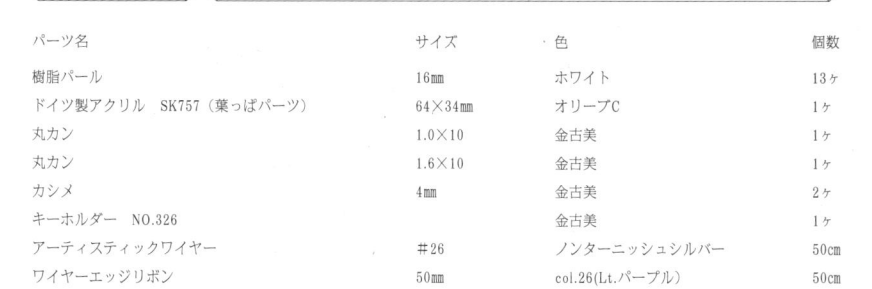

パーツ名	サイズ	色	個数
樹脂パール	16mm	ホワイト	13ヶ
ドイツ製アクリル　SK757（葉っぱパーツ）	64×34mm	オリーブC	1ヶ
丸カン	1.0×10	金古美	1ヶ
丸カン	1.6×10	金古美	1ヶ
カシメ	4mm	金古美	2ヶ
キーホルダー　NO.326		金古美	1ヶ
アーティスティックワイヤー	#26	ノンターニッシュシルバー	50cm
ワイヤーエッジリボン	50mm	col.26（Lt.パープル）	50cm

使用工具 / 平ヤットコ　丸ヤットコ　ニッパー　はさみ　　副資材 / 接着剤

1
リボン片方の端の5cm残したところを、
ワイヤーで図のように
3周ほど軽く巻き付ける。

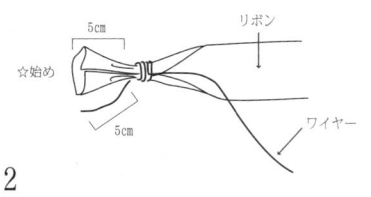

2
1のワイヤーにパールを
1個通しリボンでくるみ、
リボンをねじってパールを包み込む。

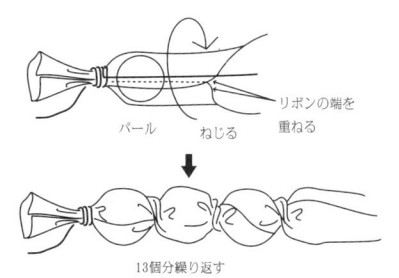

13個分繰り返す

3
13個通し終わったら、
さらに全体をねじりを加えて
図のように結び、
ぶどうの房状に形を整える。

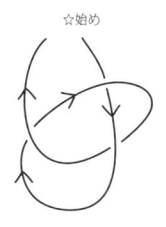

4
はじめに巻き付けておいた
ワイヤーを一度ほどき、
リボンの両端を2本まとめて巻き付け直す。

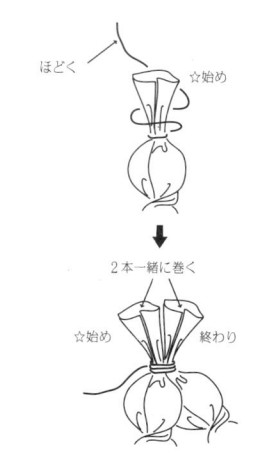

2本一緒に巻く

5
先をよくねじり、根元から8mm残してカットし、
図の部分を接着剤で固める。
接着剤が乾いたら巻き付けてあった
ワイヤーをほどいて根元でカットする。

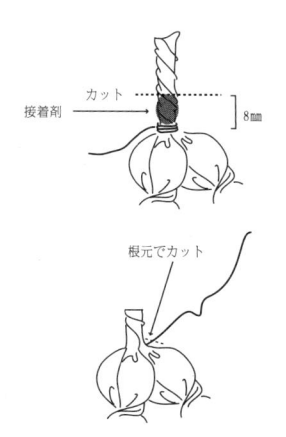

6
カシメの内側に接着剤を付け、
図中★部分をカシメで両側から
はさみ込むようにして
平ヤットコでしっかり押さえる。
カシメのカンは内側にやや斜めに倒しておく。

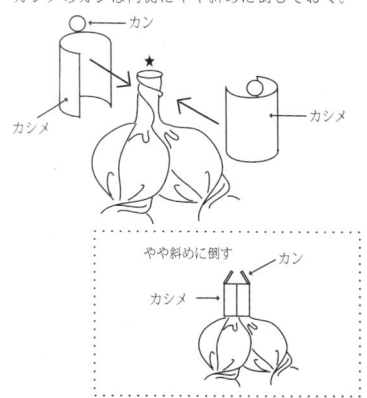

やや斜めに倒す

7
丸カン（1.0×10）に葉っぱパーツを入れ、
図の♥部分へ通してからカシメのカンに
丸カン（1.6×10）を通し
キーホルダーを取り付けたら完成
（P57「丸カンの開閉の仕方」参照）。

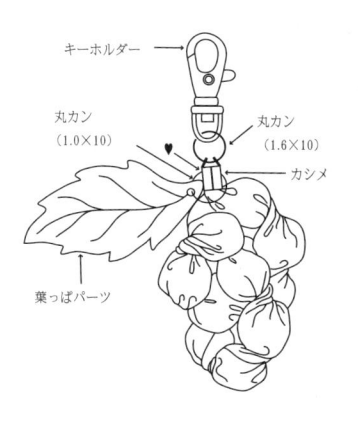

feather & nuts ☆☆☆★★

パーツ名	サイズ	色	個数
模造石　ウェーブ楕円	20×15	スモークトパーズ	1ヶ
ウッドパーツ　ククイナッツCS003		ブラウン	1ヶ
ウッドパーツ　CS012（ソロバン）		カマゴンウッド	1ヶ
銅玉	4mm	金古美	3ヶ
羽根　カモ目玉		青NO.5	2ヶ
デザインピン丸	0.6×30	銀古美	2ヶ
デザインピン丸	0.6×30	金古美	1ヶ
シャワーハットピン	15mm	ロジウムカラー	1ヶ
国産ロー引きヒモ#509	1.2mm	NO.10	15cm
フリーメタリコ	28コース	ブラック	5cm
シルクビーズコード（家庭用の黒糸で代用可）	0.6mm	ブラック	20cm

使用工具 / 平ヤットコ　丸ヤットコ　はさみ　副資材 / 接着剤

1
図の様にフリーメタリコを半分に折り、
指で四方に広げながらシャワー台を包みこむ。

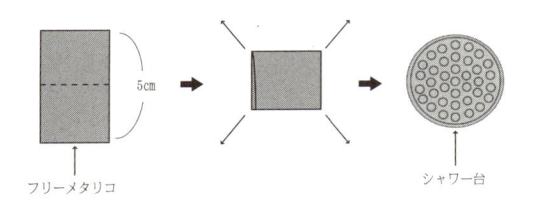

2
羽根パーツを図の様にビーズコードで縛り、
羽根モチーフを作る。

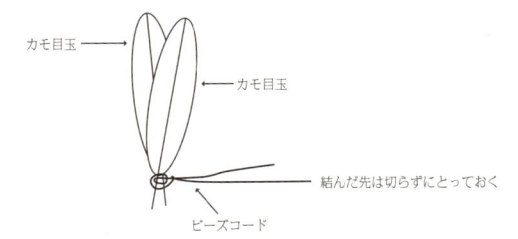

3
羽根モチーフのビーズコードをシャワー台の図の穴の位置に通し、
裏側でしっかりと2回結び、
余分はカットし結び目に接着剤をつける。

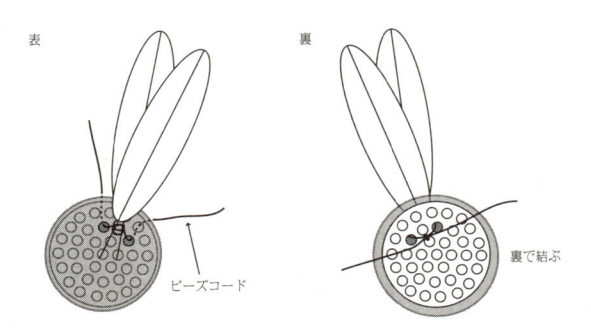

4
ククイナッツの穴から抜けない様に、ロー引きヒモの先端から
1cmのところで3～4回結び目を作ったあと、ククイナッツを通す。
シャワー台に図のように通して裏側で結び目を作って留め、
余分はカットし結び目に接着剤をつける。

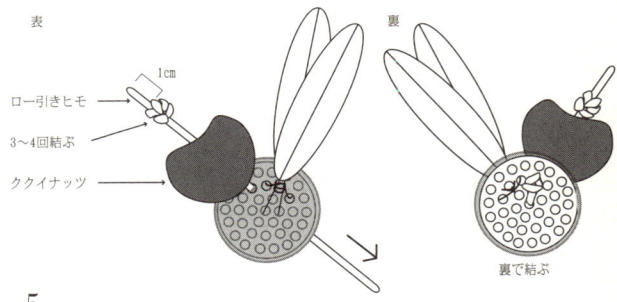

5
図の様にデザインピンに各パーツをそれぞれ通し、
シャワー台の図の位置の穴に刺す。裏側でねじって固定する。
余分なピン先はカットし、ねじった部分に接着剤をつける。

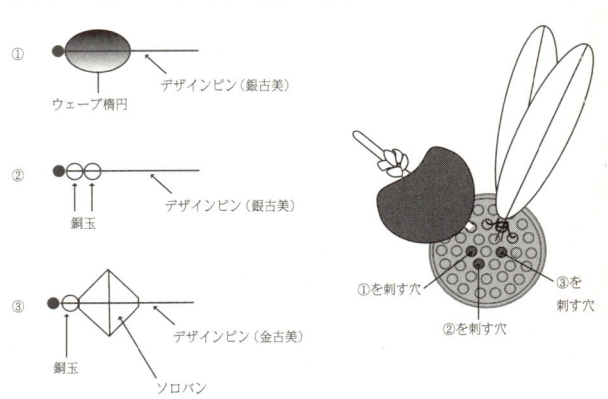

6
シャワー金具の土台にシャワー台を取り付けたら完成。
シャワー台の取り付け方はP85 bloomの工程4の図参照。

bugs ☆☆☆★★

パーツ名		サイズ	色	個数
ハチ	スワロフスキー #2028	SS9	クリスタル	2ヶ
	羽カモ目玉		黄No.10	2ヶ
	ロー引きボール	20mm	黒/白	1ヶ
	フロッキーパーツ丸	12mm	ブラック	1ヶ
	シャワーハットピン	15mm	ゴールド	1ヶ
	アーティスティックワイヤー	#22	ガンメタ	50cm
	フリーメタリコ	28コース	No.9（ブラック）	5cm
チョウ	フェルトフラワーキキョウ	52mm	オフホワイト or カラシ	1ヶ
	シャワーハットピン	15mm	ゴールド	1ヶ
	アーティスティックワイヤー	#24	ノンターニッシュB	70cm

使用工具 / 平ヤットコ　ニッパー　はさみ　副資材 / 接着剤　楊枝

ハチ

1
シャワー台の中央を平ヤットコの柄で、押す様にしてへこませる。
フリーメタリコを2枚重ねにし、シャワー台を包む。

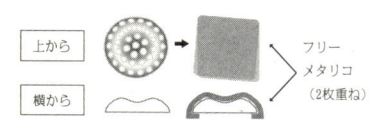

2
3cmに、カットした羽カモ目玉を、ロー引きボールに接着剤で貼付ける。

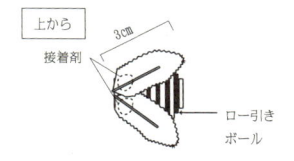

3
ワイヤーを10cmにカットし、ロー引きボールの穴に通す。
ワイヤーをシャワー台に通し、シャワー台の裏でねじる。
余分なワイヤーをカットし、シャワー台の中に折りたたむ。

4
ワイヤーを20cmにカットし、半分に折り曲げ、片方のワイヤーをフロッキーパーツの穴に通す。
もう片方のワイヤーは図の様にフロッキーパーツにそわせ、2本まとめ、ロー引きボールへ通す。

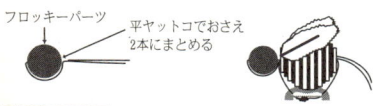

5
2本飛び出しているワイヤーを図のシャワー台の穴に通し、3と同様に処理する。

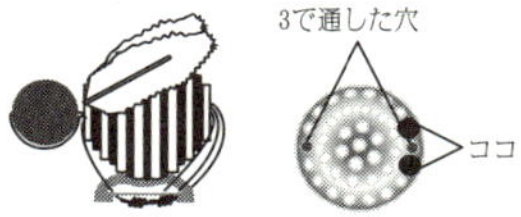

6
ワイヤーを20cmにカットし、U字になるように曲げる。
★の位置から図のように通し、カットして、整える。
これがハチの触角部分。スワロフスキーを図の位置と、反対側も貼る。シャワー金具土台にハチをはめ、爪を折りたたみ完成。

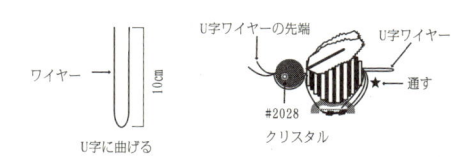

チョウ

1
フェルトフラワーに接着剤を付け折りたたみ貼り付ける。

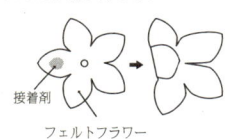

2
折りたたんだ部分に、接着剤をつけシャワー台を貼り付ける。

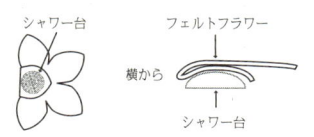

3
ワイヤーを20〜30cmにカットする。楊枝にしっかり巻き付けコイル状にする。綺麗に巻けた部分を1.3cmにカットする。
楊枝は引き抜く。

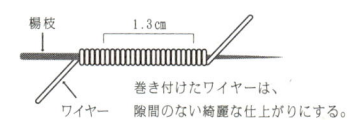

4
ワイヤーを20cmにカットする。3で作ったコイルに通し、ワイヤーの両端をシャワー台に通す。フェルトフラワーの穴が見えない様に、コイルの位置を整えたら、シャワー台の裏側で2〜3回ねじる（コイルやフェルトフラワーが柔らかいので、力加減と、ねじりすぎに注意）。余ったワイヤーはカットし、シャワー台の中に、折りたたむ。

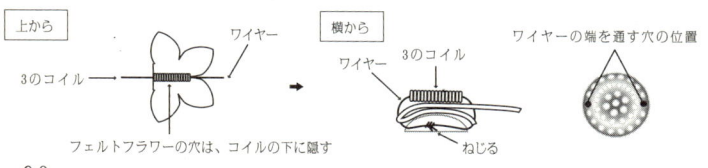

5
ワイヤーを20cmにカットする。
U字になるように曲げ、
☆の位置から前へ通す。
飛び出たワイヤーを
カットし、整える。
これがチョウの触角部分。
シャワー金具土台にチョウをはめ、爪を折りたたみ完成。

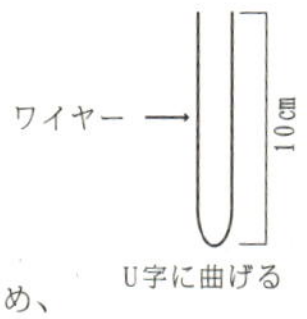

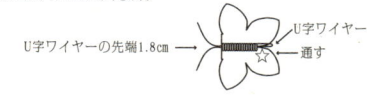

ribbon with ribbon ☆☆☆★★

パーツ名	サイズ	色	個数
アクリルイタリア製丸リング①	41mm		10ヶ
メタルリングパーツ .G472		ゴールド	4ヶ
丸カン	1.0×6	ゴールド	2ヶ
カニカンNO.3		ゴールド	1ヶ
板ダルマNo.1		ゴールド	1ヶ
スペインチェーンNo.3		マットゴールド	50cm
グログランリボン	25mm	Lt.グリーン	1.2m
グログランリボン	25mm	Lt.パープル	1.2m
グログランリボン	25mm	ローズピンク	1.2m
グログランリボン	25mm	イエロー	1.2m
グログランリボン	25mm	アイボリー	1.2m

使用工具 / 平ヤットコ 丸ヤットコ　副資材 / 接着剤

1
グログランリボンの5つのカラーを
それぞれ半分（60cm）にカットする。

2
アクリルイタリア製丸リング①に接着剤をつけ、
カットしたグログランリボンを図の手順で巻き付ける。

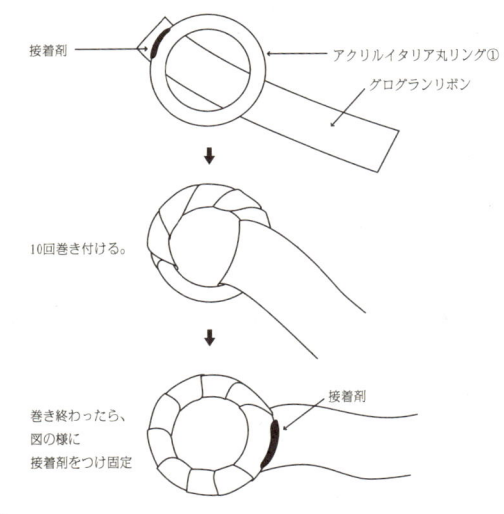

10回巻き付ける。

巻き終わったら、
図の様に
接着剤をつけ固定

3
2のパーツを、同じ色同士でリボン結びにし、つなげる。

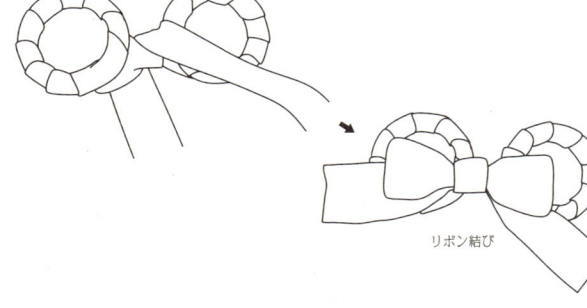

リボン結び

4
チェーンを、図の様に6コマずつに分ける。
その際、小さい方の輪を開閉する
（P57「丸カンの開閉の仕方」参照）。

5
それぞれのパーツを図の様に組み立て完成。

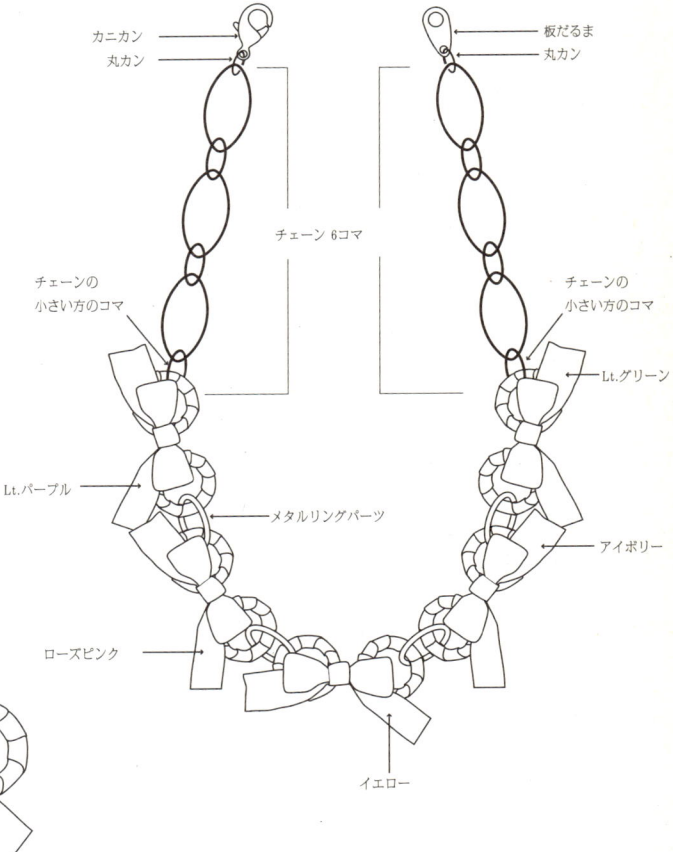

HANAKANZASHI ☆☆★★★

パーツ名	サイズ	色	個数
ドイツ製アクリル花③	41mm	アイボリー	1ヶ
ドイツ製アクリル花②	32mm	アイボリー	1ヶ
スキ玉 #1	10mm	クリスタル	1ヶ
半貴石サザレ		イエロージェイド	5ヶ
クラフトボール 022		ベージュ×グリーン	1ヶ
ウッドパーツ KC-19（ココ）	5〜6mm	ナチュラル	3ヶ
ウッドパーツ KC-12	5〜6mm	ブラウン	2ヶ
ウッドパーツ KC-11	6mm	イエローウッド	1ヶ
ウッドパーツ IMP001（リング）	30mm	ダークブラウン（染）	1ヶ
シェルパーツ P-415 四角枠 1穴	30mm	黒	1ヶ
シェルパーツ CB-SH3 丸1穴	15mm	ホワイト	1ヶ
かんざし1連カン付	96mm	金古美	1ヶ
チェーンL&S110BF1:1		金古美	8.5cm
国産ロー引きヒモ#509	1.2mm	NO.10	50cm
麻ヒモ	0.3mm	無地	20cm
テグス	3号	透明	30cm

※ウッドパーツは穴の大きさにぶれがあります。予めご了承下さい。通りづらい場合は穴が大きめのものを選び使用して下さい。
使用工具 / ニッパー はさみ　副資材 / セロハンテープ 接着剤

1
パーツを通しやすくする為に、ロー引きヒモ（50cm）、麻ヒモ（20cm）の両端にセロハンテープを貼り、図のように先を細く斜めにカットする。

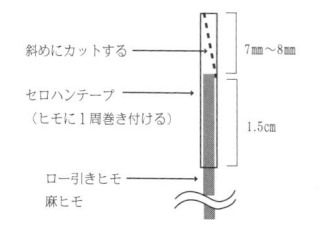

斜めにカットする　7mm〜8mm
セロハンテープ（ヒモに1周巻き付ける）　1.5cm
ロー引きヒモ
麻ヒモ

2
麻ヒモ（20cm）の中央にココ（ナチュラル）を3粒通して2、3回しっかりと結び余分はカットする。結び目に接着剤をつけて乾かす。

麻ヒモ　ココ（ナチュラル）　結び目

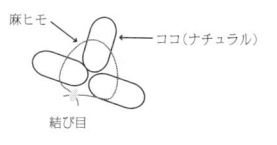

3
2の麻ヒモの輪（結び目部分）をロー引きヒモの中心に通す。
図の様にパーツを通し、両方のロー引きヒモで2回しっかりと結ぶ。

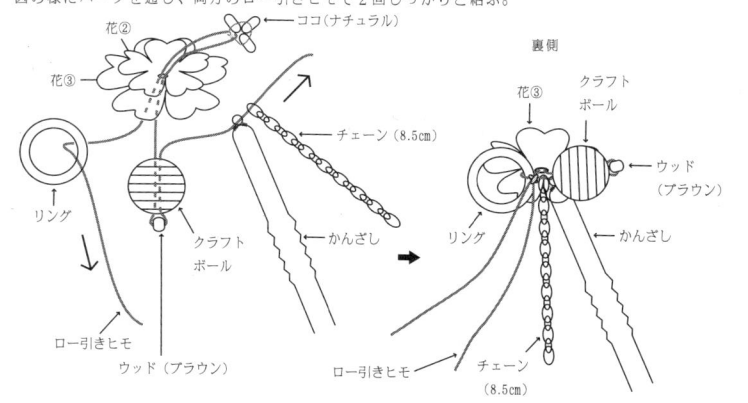

花②　花③　ココ（ナチュラル）　チェーン（8.5cm）　リング　クラフトボール　かんざし　ロー引きヒモ　ウッド（ブラウン）

裏側　花③　クラフトボール　ウッド（ブラウン）　リング　かんざし　ロー引きヒモ　チェーン（8.5cm）

4
3のロー引きヒモの結び目の先に、図の様にパーツをつけたら完成（図はかんざしとチェーンを省略表記）。

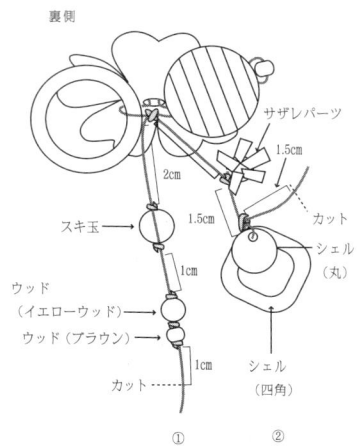

裏側　サザレパーツ　2cm　1.5cm　1.5cm　カット　シェル（丸）　スキ玉　ウッド（イエローウッド）　ウッド（ブラウン）　1cm　1cm　カット　シェル（四角）　①　②

サザレパーツの作り方
結び目　テグス（30cm）　サザレ
カット　結び目　カット

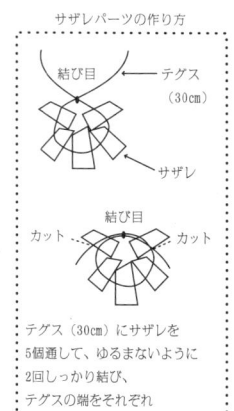

テグス（30cm）にサザレを5個通して、ゆるまないように2回しっかり結び、テグスの端をそれぞれ左右のサザレに1個ずつ通してから余分をカット。結び目に接着剤をつけて乾かす。

①ロー引きヒモの結び目から2cmのところに1回結び目を作りスキ玉を通し、そのすぐ下で1回結んで固定する。同様に図の様にパーツをとめていき、余分は1cm残してカット。

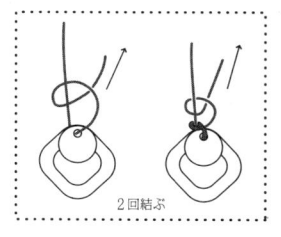

2回結ぶ

②もう片方のロー引きヒモの結び目から2cmの所で、サザレパーツの結び目部分を1回結びつけ、結び目から1.5cmあけた所に図の様にシェルパーツを通して2回しっかり結んで固定する。余分は1.5cm残してカット。

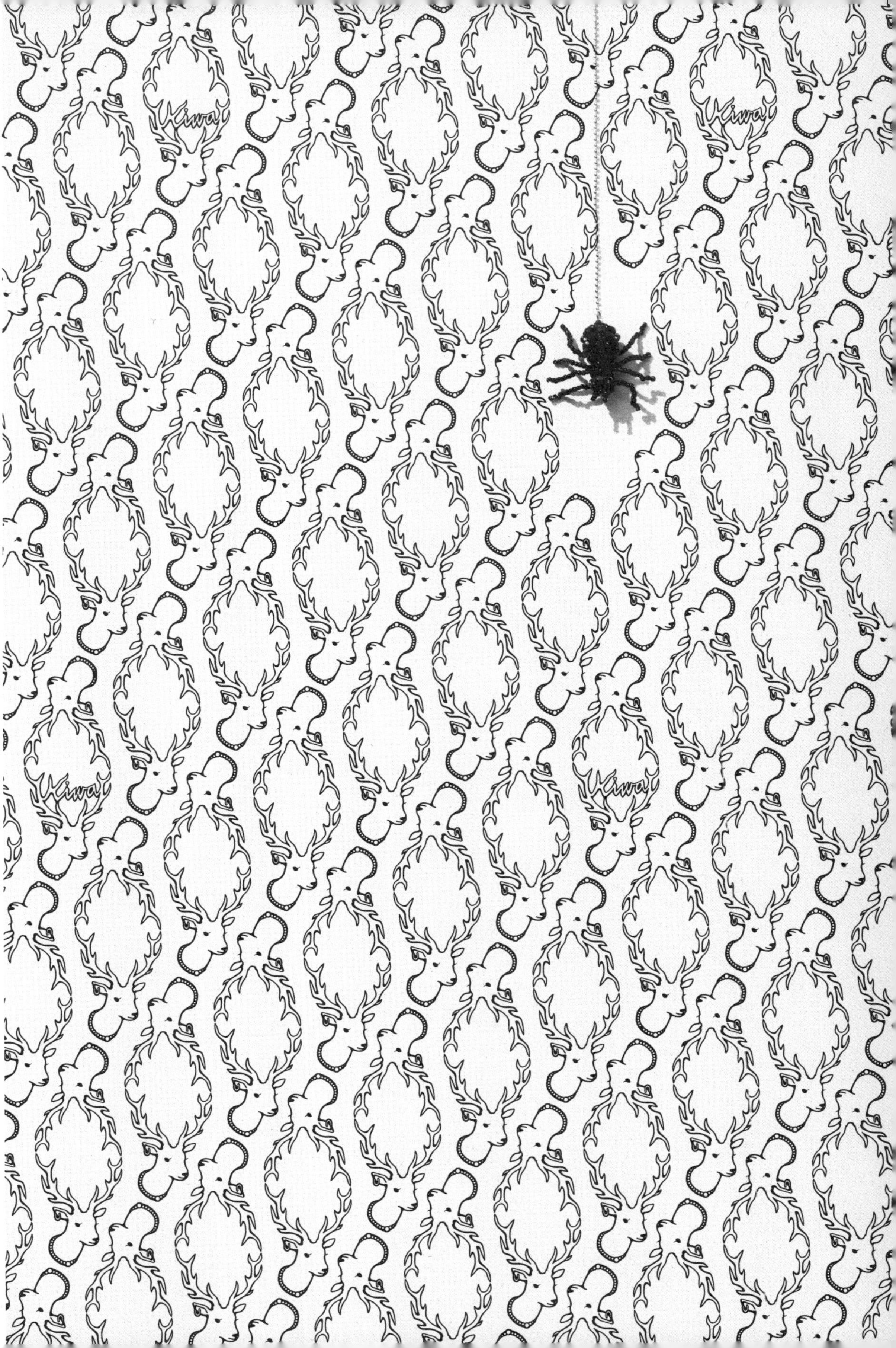
Kiwa

SHOP INFORMATION

○ 貴和製作所　LAFORET原宿店
東京都渋谷区神宮前1-11-6　ラフォーレ原宿3F　Tel:03-5775-4050　11:00-20:00（無休）

○ 貴和第二製作所/喫茶室コジカ LAFORET原宿店
東京都渋谷区神宮前1-11-6　ラフォーレ原宿3F　Tel:03-3478-6531　11:00-20:00（無休）

○ 浅草橋本店　東京都台東区浅草橋2-1-10　貴和ビル
Tel:03-3863-5111　9:30-18:30（日曜/祝日定休）

○ 浅草橋支店　東京都台東区浅草橋1-9-13　大手町建物浅草橋駅前ビル
Tel:03-3865-8521　月-土曜10:00-20:00　日曜/祭日10:00-18:30（無休）

○ 浅草橋支店別館　東京都台東区浅草橋1-9-12　秀山ビル
Tel:03-3865-5621　月-土曜10:00-20:00　日曜/祭日10:00-18:30（無休）

○ ヨドバシ梅田店　大阪府大阪市北区大深町1-1 ヨドバシ梅田ビル6F
Tel:06-6372-6412　9:30-21:00（無休）

○ ヨドバシ吉祥寺店　東京都武蔵野市吉祥寺本町1-19-1 ヨドバシ吉祥寺ビル6F
Tel:0422-29-7031　9:30-22:00（無休）

○ 銀座松坂屋店　東京都中央区銀座6-10-1　銀座松坂屋3F
Tel:03-3572-7031　10:30-19:00（無休）

○ ルミネ新宿店　東京都新宿区新宿3-28-2 ルミネ新宿2 5F
Tel:03-3347-1150　11:00-22:00（無休）

○ Colette・Mareみなとみらい店　神奈川県横浜市中区桜木町1-1-7　Colette・Mareみなとみらい1F
Tel:045-681-0061　11:00-20:00（無休）

○ 貴和製作所ホームページ　http://www.kiwaseisakujo.jp/
＊パーツのネット販売も行っています。在庫状況などは、ホームページでご確認ください。

貫和製作所

貴和製作所
1975年オリジナルチェーンメーカーとしてスタート。現在は、アクセサリーパーツの専門店として魅力ある品揃えを目指し、自社ブランド
『KIWA』『貴和製作所』で選りすぐりの商品の提供をしている。

つくるアクセサリーブック
貴和製作所 の 制作書

● 協定により検印省略

著 者	貴和製作所
発行者	池田 豊
印刷所	株式会社光邦
製本所	株式会社光邦
発行所	株式会社池田書店
	東京都新宿区弁天町43番地　（〒162-0851）
	電話03-3267-6821（代）／振替00120-9-60072
	落丁、乱丁はお取り替えいたします。

Ⓒ Kiwaseisakusho 2007, Printed in Japan
ISBN978-4-262-14525-9

クリエイティブディレクション	青木むすび
アクセサリー監修	青木むすび
アートディレクション	植原亮輔（DRAFT）
撮影	土井文雄
	北島　明＜P04-05＞
レタッチ	桜井素直（scab）
デザイン	天宅　正（DRAFT）
	瀧　加奈子＜P56-63＞
	宮本マヤ＜P65-89＞
ヘア＆メイク	タニジュンコ（GOKO）
イラスト	瀧　加奈子＜P56-63＞
編集	岩本理恵（MOSH books）
協力	後藤　工（DRAFT）
	黒沢秋乃
	松永　路
	板倉　梓

P04-05の写真は文化出版局発行『装苑』2005年5月号に掲載されたものです

本書の内容の一部あるいは全部を無断で複写複製（コピー）することは、法律で認められた場合を除き、著作者および出版社の権利の侵害となりますので、その場合は
あらかじめ小社あてに許諾を求めてください。